GUIDE

DES CHEFS DE FAMILLE

ET DES JEUNES GENS

POUR L'EXÉCUTION DES LOIS ET ORDONNANCES

SUR LE RECRUTEMENT

DE L'ARMÉE.

AVIS.

De nouvelles instructions pour l'exécution de la loi du 9 juin 1824 ont été annoncées, et n'ont pas encore paru; quelques articles de ces instructions intéresseront particulièrement les jeunes Soldats laissés dans leurs foyers; ils seront l'objet d'un *supplément* qui paraîtra en mars prochain, pour être délivré GRATIS à tout acquéreur de ce petit Ouvrage, sur la présentation qui en sera faite au Libraire *chez lequel il aura été acheté*, et à Paris, chez le CAPITAINE DE RECRUTEMENT, rue d'*Enfer Saint-Michel*, N.° 8.

PRIX, UN FRANC.

A PARIS.

1825.

GUIDE

DES CHEFS DE FAMILLE ET DES JEUNES GENS

POUR L'EXÉCUTION DES LOIS ET ORDONNANCES

SUR LE RECRUTEMENT

DE L'ARMÉE,

PUBLIÉ AVEC L'AUTORISATION DE S. E. LE MINISTRE DE LA GUERRE,

PAR LE CAPITAINE DE RECRUTEMENT DU DÉPARTEMENT DE LA SEINE.

FÉVRIER 1825.

Un ordre, pour être bien exécuté,
a besoin d'être bien compris.

A PARIS,

DE L'IMPRIMERIE DE L. CORDIER,

RUE DES MATHURINS SAINT-JACQUES, N.° 10.

A PARIS,

Chez CORDIER, Imprimeur-Libraire de la Garde Royale, rue des Mathurins Saint-Jacques, n.° 10;
ANSELIN et POCHARD, Libraires, rue Dauphine, n.° 9;
Et les principaux Libraires des Départemens.

AVERTISSEMENT.

La plupart des jeunes gens soumis à la loi sur le recrutement de l'armée, ignorent les obligations qu'elle leur impose à l'instant où elle les désigne et les appelle. Les chefs de famille, les personnes qui sont temporairement investies du pouvoir paternel, ne sont peut-être pas mieux informés. Les instructions, les réglemens, les ordres ministériels, toujours adressés à de hauts fonctionnaires et à des administrateurs du premier rang, parviennent à peine, avec toutes leurs dispositions essentielles, jusqu'au foyer de l'habitant des campagnes; est-il nécessaire de dire combien il importe à tous de comprendre dans leur véritable étendue les devoirs dont la loi punit l'infraction?

Mais à côté de ces devoirs, de bienfaisantes exceptions sont autorisées; elles sont favorables aux veuves, aux vieillards infirmes ou septuagénaires, aux orphelins, à des aînés de famille, etc., etc. Bien connaître les circonstances et les momens opportuns qui permettent de les accueillir, est non-seulement de la plus grande importance aux intéressés, mais encore dans le sentiment d'une justice éclairée, dont l'autorité supérieure désapprouverait l'oubli.

On a donc pensé qu'il serait avantageux de publier un résumé de toutes les dispositions prescrites jusqu'à ce jour pour le recrutement de l'armée. Ce recueil, classé dans l'ordre le plus méthodique, sera un guide sûr et fidèle pour tous les jeunes Français appelés à faire partie du contingent, et même pour ceux qui desireraient s'engager volontairement. Ils y reconnaîtront au premier coup-d'œil à quelles conditions la loi les admet ou les exempte; comment et dans quel temps limité les réclamations peuvent être entendues. On les conduit en quelque sorte pas à pas dans toutes les opérations qui précèdent la clôture de la liste départementale : on les éclaire comme appelé, soldat ou remplacé, sur tous les cas intermédiaires depuis le jour où ils appartiennent à l'armée jusqu'au terme de leur service : enfin, on les avertit du danger d'en violer les obligations.

Ce recueil, en forme d'instruction, ne laisse rien à desirer; c'est un code complet, dont la lecture facile préviendra les déceptions et les erreurs, et il ne sera plus possible de s'exposer aux inconvéniens de l'imprévoyance, ou, ce qui serait plus grave encore, au reproche de manquer de bonne volonté.

Obligé de citer souvent un grand nombre d'articles de la loi du 10 mars 1818, et de celle du 9 juin 1824, on en donne le texte en tête de l'ouvrage pour en mieux faire connaître l'application. On trouvera également classés en ordre utile les modèles de certificats et autres pièces à produire.

GUIDE

DES CHEFS DE FAMILLE ET DES JEUNES GENS

POUR L'EXÉCUTION DES LOIS ET ORDONNANCES

SUR LE RECRUTEMENT

DE L'ARMÉE.

EXTRAIT

DE LA LOI DU 10 MARS 1818.

TITRE I.er

DES ENGAGEMENS VOLONTAIRES.

Art. 1.er L'armée se recrute par des engagemens volontaires, et, en cas d'insuffisance, par des appels faits suivant les règles prescrites ci-après, titre II.

Art. 2. Tout Français sera reçu à contracter un engagement volontaire, sur la preuve qu'il est âgé de dix-huit ans, qu'il jouit de ses droits civils, et qu'il peut être admis dans le corps pour lequel il se présente.

Sont exclus, et ne pourront, à aucun titre, servir dans les troupes françaises, les repris de justice et les vagabonds ou gens sans aveu déclarés tels par jugement.

Art. 4. Les engagemens volontaires seront contractés devant les officiers de l'état civil dans les formes prescrites par les articles 34, 35, 36, 37, 38, 39, 40, 41, 42, 43 et 44 du Code civil. Les conditions relatives à la durée des engagemens seront insérées dans l'acte même; les autres conditions seront lues au contractant avant les signatures, et mention en sera faite à la fin de l'acte ; le tout sous peine de nullité....

TITRE II.

DES APPELS.

Art. 6. Chaque année...., le nombre d'hommes appelés sera réparti entre les départemens, arrondissemens et cantons, proportionnellement à leur population, d'après les derniers dénombremens officiels.....

Art. 7. Le contingent assigné à chaque canton sera fourni par un tirage au sort entre les jeunes Français qui auront leur domicile légal dans le canton, et qui auront atteint l'âge de vingt ans révolus dans le courant de l'année précédente....

Art. 8. Sont considérés comme légalement domiciliés dans le canton,

1.° Les jeunes gens, même émancipés, engagés, établis au dehors, expatriés, absens ou détenus, si d'ailleurs leurs père, mère ou tuteur ont leur domicile dans une des communes du canton, ou s'ils sont fils d'un père expatrié qui avait son dernier domicile dans une desdites communes;

2.° Les jeunes gens mariés dont le père, ou la mère à défaut du père, sont domiciliés dans le canton, à moins qu'ils ne justifient de leur domicile réel dans un autre canton;

3.° Les jeunes gens mariés et domiciliés dans le canton, lors même que leur père ou leur mère n'y serait pas domicilié;

4.° Les jeunes gens nés et résidant dans le canton qui n'auraient ni leur père, ni leur mère, ni tuteur;

5.° Les jeunes gens résidant dans le canton qui ne seraient dans aucun des cas précédens, et qui ne justifieraient pas de leur inscription dans un autre canton.

Art. 9. Seront, d'après la notoriété publique,

considérés comme ayant l'âge requis pour le tirage, les jeunes gens qui ne pourront produire un extrait des registres d'état civil constatant un âge différent, ni, à défaut de registres, prouver leur âge conformément à l'article 46 du Code civil.

ART. 10. Si, dans l'un des tirages qui auront lieu en exécution de la présente loi, des jeunes gens viennent à être omis, ils seront rappelés dans le tirage subséquent.

ART. 11. Les tableaux de recensement des jeunes gens du canton soumis au tirage d'après les règles précédentes, seront dressés par les maires, publiés et affichés dans chaque commune, et dans les formes prescrites par les articles 63 et 64 du Code civil.

Un avis, publié dans les mêmes formes, indiquera les lieu, jour et heure où il sera procédé à l'examen desdits tableaux, et à la désignation, par le sort, du contingent cantonal.

ART. 12. Dans les cantons composés de plusieurs communes, cet examen et cette désignation auront lieu au chef-lieu de canton, en séance publique, devant le sous-préfet, assisté des maires du canton. Dans les cantons composés d'une commune ou d'une portion de commune, le sous-préfet sera assisté du maire et des adjoints.

Le tableau sera lu à haute voix. Les jeunes gens, leurs parens ou ayans-cause, seront entendus dans leurs observations. Le sous-préfet statuera après avoir pris l'avis des maires. Le tableau, rectifié s'il y a lieu, et définitivement arrêté, sera revêtu de leurs signatures.

Immédiatement après, chacun des jeunes gens appelés dans l'ordre du tableau, prendra dans l'urne un numéro, qui sera de suite proclamé et inscrit. Les parens des absens, ou le maire de leur commune, tireront à leur place.

La liste, par ordre de numéros, sera dressée au fur et à mesure du tirage. Il y sera fait mention des cas et des motifs d'exemption ou dispense que les jeunes gens ou leurs parens, ou les maires des communes, se proposeront de faire valoir devant le conseil de révision, dont il sera parlé ci-après. Le sous-préfet y ajoutera ses observations.

La liste du tirage sera ensuite lue, arrêtée et signée de la même manière que le tableau de recensement, et annexée, avec ledit tableau, au procès-verbal des opérations. Elle sera publiée et affichée dans chaque commune du canton.

Art. 13. Ces opérations seront revues, en séance publique, dans un conseil composé, sous la présidence du préfet, d'un conseiller de préfecture, d'un membre du conseil général du département, d'un membre de celui d'arrondissement, et d'un officier général ou supérieur désigné par le Roi. Le conseil de révision se transportera dans les chefs-lieux d'arrondissement ou de canton, suivant les localités.

Les jeunes gens qui, d'après leurs numéros, pourront être appelés à faire partie du contingent, seront convoqués, examinés et entendus.

S'ils ne se rendent point à la convocation, ou s'ils ne se font pas représenter, ou s'ils n'obtiennent point un délai, il sera procédé comme s'ils étaient présens.

Dans les cas d'exemption pour infirmités, les gens de l'art seront consultés.

Les autres cas d'exemptions ou dispenses seron jugés sur la production de documens authentiques ou de certificats signés du maire de la commune du réclamant, et de trois pères de famille domiciliés dans le même canton, dont les fils sont soumis à l'appel ou ont été appelés et sont sous les drapeaux.

Hors les cas prévus par l'article 16, les décisions du conseil de révision seront définitives.

Art. 14. Seront exemptés et remplacés, dans l'ordre des numéros subséquens, les jeunes gens que leur numéro désignera pour faire partie du contingent, et qui se trouveront dans un des cas suivans :

1.° Ceux qui n'auront pas la taille d'un mètre cinquante-sept centimètres (1);

2.° Ceux que leurs infirmités rendront impropres au service;

3.° L'aîné des orphelins de père et de mère;

4.° Le fils unique ou l'aîné des fils, et, à défaut de fils, le petit-fils ou l'aîné des petits-fils d'une femme actuellement veuve, d'un père aveugle, ou d'un vieillard septuagénaire;

5.° Le plus âgé des deux frères désignés tous deux par le sort dans un même tirage;

6.° Celui dont un frère sera sous les drapeaux, à quelque titre que ce soit, ou sera mort en activité de service, ou aura été réformé pour blessures reçues ou infirmités contractées à l'armée.

Ladite exemption sera appliquée dans la même famille autant de fois que les mêmes droits s'y reproduiront.

Seront comptés néanmoins en déduction desdites exemptions, les frères vivans libérés en vertu du présent article, à tout autre titre que pour infirmités.

Art. 15. Seront dispensés, considérés comme ayant satisfait à l'appel, et comptés numériquement en déduction du contingent à fournir, les jeunes gens désignés par leur numéro pour faire partie dudit contingent, qui se trouveront dans un des cas suivans:

1.° Ceux qui ont contracté un engagement volontaire dans un des corps de l'armée;

2.° Les jeunes marins portés sur les registres-matricules de l'inscription maritime, conformément aux règles prescrites par les articles 1, 2, 3, 4 et 5 de la loi du 25 décembre 1795 (3 brumaire an 4), et les charpentiers de navire, perceurs, voiliers et calfats immatriculés conformément à l'article 44 de ladite loi;

3.° Les officiers de santé commissionnés et employés dans les armées de terre et de mer;

(1) Quatre pieds dix pouces (ancienne mesure).

4.° Les jeunes gens régulièrement autorisés à continuer leurs études ecclésiastiques, sous condition qu'ils perdront le bénéfice de la dispense s'ils n'entrent point dans les ordres sacrés.

Cette disposition est applicable aux divers cultes dont les ministres sont salariés par l'Etat.

5.° .... Les membres de l'instruction publique qui contractent devant le conseil de l'Université l'engagement de se vouer pendant dix années à ce service.

Cette disposition est applicable aux frères des écoles chrétiennes;

Les élèves de langues;

Les élèves de l'école polytechnique et des écoles de services publics;

Les élèves des écoles spéciales militaires et de marine;

Soit que lesdits élèves suivent encore leurs études, ou aient été admis dans le service auquel elles préparent, sous condition qu'ils perdront le bénéfice de la dispense s'ils abandonnent lesdites études, ou ne sont point admis dans ledit service, ou s'ils le quittent avant le temps qui sera fixé ci-après pour la durée du service des soldats;

6.° Les jeunes gens qui auront obtenu un des grands prix décernés par l'Institut royal, ou le prix d'honneur décerné par le Conseil de l'Université.

Art. 16. Lorsque les jeunes gens désignés par leur numéro pour faire partie du contingent cantonal, auront fait des réclamations dont l'admission ou le rejet dépendra de la décision à intervenir sur des questions judiciaires relatives à leur état ou à leurs droits civils, les jeunes gens désignés par leur numéro pour suppléer lesdits réclamans, seront appelés dans le cas où, par l'effet des décisions judiciaires, ces réclamans viendraient à être libérés.

Ces questions seront jugées contradictoirement avec le préfet, à la requête de la partie la plus diligente.

Les tribunaux statueront sans délai, le ministère public entendu, sauf l'appel.

Art. 17. Après l'examen des opérations, exemptions, dispenses ou réclamations, la liste du contingent de chaque canton sera définitivement arrêtée et signée par le conseil de révision.

Les jeunes gens qui, aux termes de l'article 16, sont appelés les uns à défaut des autres, ne seront inscrits sur la liste du contingent que conditionnellement, et sous la réserve de leurs droits.

Le conseil déclarera ensuite que les jeunes gens qui ne sont pas inscrits sur cette liste sont définitivement libérés. Cette déclaration, avec l'indication du dernier numéro compris dans le contingent cantonal, sera publiée et affichée dans chaque commune de canton.

Dès qu'il aura été statué par les tribunaux sur les questions mentionnées en l'article 16, le conseil, d'après leur décision, prononcera de la même manière la libération des réclamans ou des jeunes gens conditionnellement désignés pour les suppléer.

Art. 18. Les jeunes gens définitivement appelés à faire partie du contingent, pourront se faire remplacer par tout homme valablement libéré, pourvu qu'il n'ait pas plus de trente ans, ou trente-cinq ans s'il a été militaire, et qu'il ait la taille et les autres qualités requises pour être reçu dans l'armée.

Le remplaçant sera admis par le conseil de révision, et l'acte de remplacement annexé au procès-verbal.

Les substitutions de numéros pourront avoir lieu entre les jeunes gens du même tirage.

Les stipulations particulières qui pourraient avoir lieu entre les contractans, à l'occasion desdits remplacemens et substitutions, seront soumises aux mêmes règles et formalités que tout autre contrat civil.

L'homme remplacé sera, pour le cas de désertion, responsable de son remplaçant pendant un an, à compter du jour de l'acte passé devant le préfet. Il sera libéré, si, dans l'année, le remplaçant est arrêté, en cas de désertion, ou s'il meurt sous les drapeaux.

Art. 19. .... Les jeunes soldats *laissés* dans leurs foyers seront assimilés aux militaires en congé.....

Art. 20 ...... Au 31 décembre de chaque année, en temps de paix, les soldats qui auront achevé leur temps seront renvoyés dans leurs foyers.

Ils le seront en temps de guerre immédiatement après l'arrivée au corps du contingent destiné à les remplacer........

TITRE VI.

DE L'AVANCEMENT.

Art. 27....... Nul ne pourra être sous-officier s'il n'est âgé de vingt ans révolus, et s'il n'a servi activement, pendant au moins deux ans, dans un des corps de troupes réglées.

Nul ne pourra être officier s'il n'a servi pendant deux ans comme sous-officier, ou s'il n'a suivi pendant le même temps les cours et exercices des écoles spéciales militaires, et satisfait aux examens desdites écoles......

LOI

QUI MODIFIE QUELQUES DISPOSITIONS DE CELLE DU 10 MARS 1818,

SUR LE RECRUTEMENT DES TROUPES.

Paris, le 9 juin 1824.

Louis, par la grâce de Dieu, Roi de France et de Navarre, à tous présens et à venir, salut.

Nous avons proposé; les chambres ont adopté, nous avons ordonné et ordonnons ce qui suit :

Art. 1.er Les appels faits, chaque année, conformément à la loi du 10 mars 1818, pour le recrutement des troupes de terre et de mer, seront de soixante mille hommes.

2. Les jeunes soldats appelés en vertu de l'article précédent, qui seraient laissés dans leurs foyers, pourront être mis en activité dans l'ordre des classes, en commençant par la moins âgée, et, dans chaque classe, selon l'ordre des numéros.

3. L'article 3 de la loi du 10 mars 1818, qui fixait la durée des engagemens volontaires à six ans dans l'infanterie, et à huit ans dans les autres corps,

Et l'article 20, qui fixait à six ans la durée du service des soldats appelés, sont abrogés.

A l'avenir, la durée du service militaire, dans quelque corps que ce soit, sera de *huit années*, tant pour les jeunes gens qui seront appelés, que pour ceux qui s'engageront volontairement après la promulgation de la présente loi.

4. L'article 23 de la même loi, qui assujettissait, en cas de guerre, les sous-officiers et soldats rentrés dans leurs foyers, après avoir achevé leur temps de service, à un service territorial de six ans, sous la dénomination de *vétérans*, est également abrogé, tant pour les enrôlés volontaires que pour les jeunes soldats admis dans l'armée après la promulgation de la présente loi.

5. Sont et demeurent abrogées toutes dispositions contraires à la présente loi.

La présente loi, discutée, délibérée et adoptée par la Chambre des Pairs et par celle des Députés, et sanctionnée par nous cejourd'hui, sera exécutée comme loi de l'Etat; voulons en conséquence qu'elle soit gardée et observée dans tout notre royaume, terres et pays de notre obéissance.

Si donnons en mandement à nos cours et tribunaux, préfets, corps administratifs, et tous autres, que les présentes ils gardent et maintiennent, fassent garder, observer et maintenir, et, pour les rendre plus notoires à tous nos sujets, ils les fassent publier et enregistrer partout où besoin sera; car tel est notre plaisir : et, afin que ce soit chose ferme et stable à toujours, nous y avons fait mettre notre scel.

Donné à Paris, en notre château des Tuileries, le 9e jour du mois de juin, l'an de grâce 1824, et de notre règne le trentième.

Signé LOUIS.

Par le Roi :

Le Ministre Secrétaire d'Etat au département de la guerre,

Signé Baron DE DAMAS.

Vu et scellé du grand sceau :

Le Garde des sceaux de France, Ministre secrétaire d'état au département de la justice,

Signé Comte DE PEYRONNET.

PREMIERE PARTIE.

FORMATION DU CONTINGENT.

SECTION I.re

Recensement annuel dans les Communes.

CHAPITRE I.er

Dispositions générales.

1. Époque de la formation des tableaux de recensement.

Quelle que soit l'époque de la mise en activité d'une classe, MM. les maires font, chaque année, dans les premiers jours de janvier, le recensement de tous les jeunes gens de leur commune qui ont atteint leur vingtième année avant le premier du mois.

2. Les jeunes gens sont intéressés à se faire inscrire.

Les pères de famille ou tuteurs doivent, dans l'intérêt de leurs enfans ou pupilles, les faire inscrire sur le tableau de recensement de leur commune, parce que, s'il arrivait que le maire les omît, ils ne seraient pas pour cela dégagés de l'obligation de concourir à la formation d'un contingent; mais ils seraient rappelés pour celui d'une classe suivante, ce qui leur ferait perdre une et même plusieurs années. De plus, ils ne peuvent se marier ni remplir aucune fonction publique sans produire une pièce qui constate qu'ils sont libérés du service, ce qu'ils ne peuvent faire s'ils n'ont pas tiré.

3. Inscription Paris.

A Paris, les jeunes gens qui doivent se faire inscrire se présentent chez le maire de l'arrondissement sur lequel résident leurs père et mère, et non de celui sur lequel ils sont nés. Ils auront soin de prendre les précautions recommandées au n.o 31, le jour même qu'ils iront déclarer qu'ils appartiennent par leur âge à la classe qui doit concourir au prochain tirage.

CHAPITRE II.

Inscription des Jeunes Gens sur les tableaux de recensement.

4. Quels sont les jeunes gens qui doivent être inscrits.

Outre les jeunes gens mentionnés à l'article 8 de la loi du 10 mars 1818 (*voir pag. 6*), les maires inscrivent sur leurs tableaux de recensement les jeunes gens, *même majeurs*, dont les père et mère demeurent dans la commune, à moins qu'ils ne soient mariés et n'aient un domicile réel dans une autre commune. Cette règle regarde particulièrement les omis des classes précédentes.

5. Orphelins de père et de mère qui n'ont point de tuteur.

Les orphelins de père et de mère qui n'ont pas de tuteur, doivent être inscrits dans la commune où ils sont nés, à moins qu'ils ne prouvent qu'ils sont portés sur le tableau de la commune où ils résident. Cette disposition s'applique aux orphelins majeurs.

6. Élèves des hospices.

L'élève d'un hospice, s'il n'est pas majeur, doit être inscrit dans la commune où cet hospice est situé.

7. Élèves des écoles d'arts et métiers, et d'établissemens publics.

La disposition précédente est applicable aux élèves des écoles des arts et métiers, ou autres établissemens publics, s'ils sont orphelins de père et de mère.

8. Jeunes gens dont le père est mort.

Le jeune homme dont le père est mort ne peut se faire inscrire que dans la commune où réside sa mère.

9. Des hommes qui ont droit à l'exemption.

Quels que soient les droits d'un jeune homme à l'exemption ou à la dispense, il doit être inscrit sur le tableau de recensement de sa commune.

10. Vagabonds; condamnés à des peines afflictives et infamantes, exclus.

Les vagabonds, déclarés tels par jugement, et les hommes condamnés à des peines afflictives ou infamantes, ne peuvent, sous aucun titre, servir dans les armées françaises; mais cette exclusion ne s'étend pas à ceux qui ont été condamnés à des peines correctionnelles, ni aux condamnés par contumace.

Si la perte des registres de l'état civil, ou toute autre cause, donnait lieu à discussion sur l'âge d'un jeune homme cru susceptible de concourir à la formation du tableau de recensement, on recourrait à la notoriété publique : mais il n'y aurait pas lieu de la consulter, si le jeune homme produisait, en remplacement de son acte de naissance, un jugement régulier, et rendu contradictoirement avec la partie publique. 11. Discussion sur l'âge des jeunes gens.

Les jeunes gens qui sont en pays étranger, et dont la famille est en France, sont portés sur les tableaux de la commune où réside leur famille, et sont considérés comme présens. 12. Absens en pays étranger.

Les jeunes gens dont les parens ou tuteurs ont leur domicile légal dans les colonies françaises, ne sont pas portés sur les tableaux de recensement, et sont soumis, pour ce qui concerne la défense de l'état, aux lois qui régissent les colonies. Cependant, si lesdits parens ou tuteurs ont acquis un domicile en France, les jeunes gens doivent être portés sur les tableaux de recensement. 13. Fils de colons.

Les étrangers, ou fils d'étrangers non naturalisés, ou de Français naturalisés en pays étranger, ne sont pas inscrits sur les tableaux de recensement. 14. Étrangers.

CHAPITRE III.

De l'Inscription des Jeunes Gens omis à l'époque des Appels des classes précédentes.

Un jeune homme qui, par suite d'erreur ou d'omission, n'a pas été porté sur les listes de sa classe, doit être inscrit, *quel que soit le temps écoulé depuis l'appel de sa classe,* sur le tableau de celle qui suit immédiatement l'époque à laquellé on a découvert l'omission. 15. Omis, inscrits sur les tableaux de l'une des classes suivantes.

S'il est de l'intérêt des jeunes gens de se faire inscrire eux-mêmes, de peur d'être rappelés, et par conséquent libérés une et même plusieurs années plus tard, il l'est aussi de ceux qui doivent concourir au tirage de déclarer au maire, ou au sous-préfet, ou même au préfet, les omis des classes précédentes. 16. Les jeune gens sont intéressés à déclarer les omis.

CHAPITRE IV.

Ordre dans lequel les Jeunes Gens doivent être inscrits, et publication des Tableaux de Recensement.

17. Omis inscrits les premiers.

Les jeuns gens omis des classes précédentes seront inscrits les premiers sur les tableaux de recensement, dans l'ordre alphabétique de leurs noms de famille, tels qu'ils sont portés sur les actes de naissance.

18. Jeunes gens de la classe inscrits à la suite des omis.

Les jeunes gens de la classe seront inscrits, dans le même ordre, à la suite des omis des classes précédentes.

19. Publication des tableaux de recensement.

Les tableaux de recensement seront publiés deux fois, et affichés de la manière prescrite pour les publications de mariage; la deuxième publication doit être terminée une semaine avant le jour fixé pour l'examen de ces tableaux.

20. Motifs de cette publication.

Cette disposition a pour but de mettre les jeunes gens à même de réclamer, soit contre leur inscription sur lesdits tableaux, soit contre les omissions faites en faveur de leurs concitoyens, ou les exclusions prononcées par MM. les maires.

21. Réclamation contre l'inscription.

Toute réclamation de la part des jeunes gens ou de leurs parens, ayant pour objet des rectifications sur les tableaux de recensement, doit être faite au maire de la commune. Dans le cas de contestation, les réclamans doivent s'adresser au sous-préfet, lorsqu'il procède à l'examen desdits tableaux et aux opérations du tirage.

SECTION II.

Examen des Tableaux de Recensement, Opérations du Tirage, Publication des Listes du Tirage.

CHAPITRE I.er

Examen des Tableaux de Recensement.

22. Présence des jeunes gens à l'examen des tableaux de recensement.

L'époque de l'examen des tableaux de recensement ayant été indiquée, comme il est prescrit par l'article 11 de la loi du 10 mars 1818 (*voyez pag.* 7) les jeunes gens de la classe se réunissent au chef-lieu de leur canton pour assister à cet examen, présenter leurs réclamations, tirer leurs numéros, et indiquer les motifs qu'ils veulent faire valoir pour obtenir l'exemption ou la dispense.

23. Lecture publique des tableaux de recensement; réclamations.

Le tableau de recensement de chaque commune est lu publiquement; les jeunes gens ou leurs fondés de pouvoirs sont admis à faire leurs réclamations ou observations, sur lesquelles le sous-préfet statue après avoir pris l'avis des maires.

24. Arrêté des tableaux de recensement, nouvelle lecture; réclamations postérieures à l'arrêté. Renvoi des omis à la classe suivante.

Après que les tableaux de recensement ont été rectifiés, s'il y a lieu, arrêtés et signés par les maires, il en est donné une seconde lecture publique. Toute réclamation postérieure à l'arrêté des tableaux ne peut plus être admise que par le conseil de révision; et après cette époque, les jeunes gens de la classe ou des précédentes qui auraient été omis, sont renvoyés à la classe suivante.

CHAPITRE II.

Tirage.

25. Tirage; ne peut être recommencé.

Immédiatement après la seconde lecture des tableaux de recensement, on procédera, conformément à l'article 12 de la loi du 10 mars 1818 (*voyez pag.* 7) à l'opération du tirage, qui ne pourra être recommencée, quelles que soient les erreurs qui auraient pu s'y glisser.

26. Cas d'insuffisance dans le nombre des bulletins.

S'il se trouve dans l'urne moins de bulletins que de jeunes gens de la classe, ceux pour qui les bulletins auront manqué seront renvoyés à la classe suivante.

27. Nombre de N.os supérieur à celui des jeunes gens de la classe.

Si le cas contraire arrive, les numéros qui n'auront pas été tirés seront censés appartenir à des hommes exemptés qui doivent être remplacés dans le contingent par les numéros suivans.

28. Tirage d'un jeune homme qui n'est pas de la classe.

Si un jeune homme qui a tiré un numéro est reconnu n'avoir pas encore l'âge voulu pour faire partie de la classe, il est renvoyé à celle dont il doit faire partie.

29. Déclaration des motifs d'exemption ou de dispense.

Les jeunes gens ou leurs fondés de pouvoirs déclareront au tirage quels sont les motifs qu'ils se proposent de faire valoir au conseil de révision pour obtenir l'exemption ou la dispense, dont il sera parlé plus tard. (*Voir* n.o 38 *et suivans.*)

30. Jeunes gens provisoirement reconnus propres au service.

On notera provisoirement comme propres au service, sur les tableaux de recensement et les listes de tirage, les jeunes gens présens ou absens qui n'auront point présenté ou fait présenter des motifs d'exemption ou de dispense à l'époque du tirage.

31. Les jeunes gens doivent, dès le tirage, se munir des pièces constatant leurs droits à l'exemption ou à la dispense.

Les jeunes gens qui auront des motifs d'exemption et de dispense (*articles 14 et 15 de la loi du 10 mars 1818, pag. 8*) se muniront, dès le tirage, des pièces nécessaires pour prouver leurs droits devant le conseil de révision lors de la tournée dans les cantons. Ceux qui négligent cette précaution obligent le conseil à ajourner ses décisions à leur égard, et s'exposent même à n'être pas exemptés, s'ils produisent leurs pièces trop tard. (*Voir* n.° 37.)

A Paris, et par exception, ces sortes de réclamations doivent se faire au moment de l'inscription. (*Voir* n.° 3.)

CHAPITRE III.

Publication des Listes du Tirage.

La liste de tirage sera publiée et affichée en entier dans les chefs-lieux de cantons, et par extrait dans les autres communes. Les affiches feront mention des annotations portées sur la minute des listes de tirage, sans détailler cependant la nature des infirmités de ceux qui voudraient faire valoir ces motifs d'exemption. 32.

Publication de la liste de tirage.

MM. les maires conservant un double du tableau de recensement de leurs communes, les familles peuvent y puiser tous les renseignemens qui leur sont nécessaires. 33.

Les familles peuvent consulter le tableau de recensement qui reste déposé chez le maire.

SECTION III.

Opérations du Conseil de Révision.

CHAPITRE I.er

Comparution devant le Conseil de Révision.

Les jeunes gens, sur l'avis qu'ils en auront reçu du maire, se rendront aux lieu, jour et heure marqués pour la séance du conseil de révision. Les jeunes gens qui ont des droits à l'exemption ou à la dispense pour autre motif que des infirmités, auront soin de se munir des pièces qui constatent leur position. Les jeunes gens qui réclament l'exemption pour infirmités, n'ont besoin d'aucun certificat, parce que le conseil de révision les fait visiter, et juge de leur inaptitude (1). 34.

Les jeunes gens doivent paraître au conseil avec les pièces qui constatent leurs droits à l'exemption ou à la dispense.

(1) Les jeunes gens absens doivent, à l'époque du tirage, in-

35\. Les séances du conseil de révision sont publiques.

Les familles peuvent assister aux séances du conseil de révision, mais on doit s'y présenter avec décence, et sans troubler l'ordre, sous peine d'en être exclus.

36\. Époque de la clôture des séances du conseil de révision.

Lorsque le conseil de révision a achevé sa tournée dans les chefs-lieux de cantons, il continue sa session au chef-lieu du département jusqu'au jour fixé pour la clôture de la liste départementale; mais alors les séances que tient le conseil sont indiquées à l'avance dans le Mémorial administratif, et les intéressés peuvent en prendre connaissance auprès de MM. les maires.

37\. Époque après laquelle les réclamations ne sont plus admises; absens déclarés propres au service.

La liste du contingent une fois close, les jeunes gens ne sont plus admis à faire valoir leurs motifs d'exemption ou de dispense. Ils sont déclarés propres au service, *ainsi que ceux qui ne se sont pas présentés au conseil de révision.* Il est donc de leur intérêt de ne pas mettre de retard dans les démarches à faire pour la justification de leurs droits.

CHAPITRE II.

Observation générale sur les Exemptions.

38\. L'exemption est définitive.

Les jeunes gens qui ont été exemptés par le conseil de révision, ne peuvent plus être repris pour le service militaire.

39\. Enfans d'adoption; enfans naturels.

Les enfans d'adoption participent au bénéfice de l'exemption prononcée par l'article 14 de la loi du 10 mars 1818, mais les enfans naturels non légitimés n'y ont pas droit.

40\. Frère d'un jeune homme mort après avoir été exempté.

Un jeune homme dont le frère a été exempté, et est mort depuis son exemption, est exempté à son tour pour le même motif, si ce motif existe encore.

41\. Cas de plusieurs frères à l'armée.

S'il se trouve dans une famille deux ou trois frères

former de leur demeure le préfet du département où on a tiré pour eux, afin que cet administrateur prévienne le conseil de révision du département dans lequel réside l'absent, qu'il a à examiner ses droits à l'exemption ou à la dispense. Faute de cette précaution, les absens sont déclarés propres au service (*Voir* le n.º 37.)

en activité de service, ou réformés pour blessures reçues au service, ou morts en activité, ils exemptent un même nombre de frères de la même famille.

Toutes les pièces nécessaires pour prouver ses droits à l'exemption, pour contracter des engagemens volontaires, doivent être faites sur papier libre (*non timbré.*) 42. Les pièces relatives au recrutement sont affranchies du droit de timbre.

CHAPITRE III.

Exemption pour défaut de Taille et Infirmités.

Les jeunes gens qui n'auront pas la taille de 1 mètre 570 millimètres (*4 pieds 10 pouces*), seront remplacés dans l'ordre des numéros suivans. 43. Exemption pour défaut de taille.

Les jeunes gens qui réclameront pour infirmités, seront visités en présence du conseil, qui les fera remplacer, s'il y a lieu, dans l'ordre des numéros suivans. 44. Exemption pour infirmités.

Le conseil de révision s'assure, d'après la notoriété publique, si les jeunes gens qui se présentent pour jouir de l'exemption en vertu des n.os 43 et 44, sont bien ceux qui ont obtenu au tirage tel ou tel numéro. S'il reste le moindre doute, l'exemption ne sera prononcée qu'autant que l'*identité* des individus aura été certifiée par le maire ou adjoint de la commune, et, à leur défaut, par deux témoins résidans dans le canton du réclamant, ou dans celui où le conseil de révision tient actuellement séance. MM. les maires ou témoins dresseront et signeront le certificat d'identité, sous leur responsabilité personnelle, et en présence du conseil de révision. 45. Certificat d'identité délivré aux jeunes gens qui réclament l'exemption en vertu des deux articles précédens.

CHAPITRE IV.

Exemptions comme Aînés d'Orphelins de père et de mère.

L'aîné d'orphelins de père et de mère est exempté, et remplacé dans l'ordre des numéros suivans, 46. Aîné d'orphelins de père et de mère exempt.

quand même il aurait des sœurs plus âgées que lui, pourvu qu'il ait un frère ou une sœur moins âgés.

47. Orphelin enfant unique. Orphelins dont les frères ont encore leur mère.

L'orphelin enfant unique n'est pas exempté, non plus que celui dont les frères du côté paternel ont encore leur mère. Mais ce dernier est exempté s'il a un frère ou une sœur moins âgés et de la même mère qui lui.

48. Orphelin dont l'aîné est infirme ou en démence. Aîné d'enfans dont le père est mort civilem.[t]

L'orphelin qui aurait un frère aîné infirme, ou interdit pour cause de démence, ni l'aîné d'enfans dont le père serait mort civilement par suite de condamnation à une peine infamante, ne peuvent être considérés comme aînés d'orphelins.

49. Certificat pour les aînés d'orphelins.

MODÈLE 1.

CERTIFICAT *du Maire pour établir les droits d'un jeune homme désigné qui réclame l'exemption comme* aîné d'orphelins.

DÉPARTEMENT d

CANTON d

Commune d

Nous soussigné (*nom du maire*), maire de la (*nom de la ville ou commune*), sur l'attestation des sieurs (*noms et prénoms des trois témoins*), habitans de ce (*canton, ou ville, ou commune*), pères de jeunes gens en activité de service ou désignés par le sort pour concourir à la formation du contingent de leur classe, certifions, sous notre responsabilité personnelle, et après nous être assuré de l'exactitude de l'attestation qui nous a été faite, que le nommé (*nom et prénoms du réclamant*), né le (*date de sa naissance*), fils de feu (*prénoms du père du réclamant*), et de feue (*nom et prénoms de la mère du réclamant*), inscrit sur la liste du tirage sous le n°..., et désigné pour concourir à la formation du contingent de sa classe comme ayant eu le n°... (*énoncer le numéro du tirage*), est l'aîné de (*dire le nombre de frères et de sœurs*), enfans du même père que lui, et, comme lui, orphelins de père et de mère, savoir, (*indiquer les noms et prénoms des frères et sœurs*), qu'il n'a point de frère plus âgé que lui, et que, pour ces motifs, il a droit à l'exemption accordée par les dispositions de l'art. 14 (n°. 3) de la loi du 10 mars 1818.

Fait à (*nom de la commune ou ville où le certificat a*

été délivré), le (*date du jour où le certificat a été délivré*). *Signatures des trois témoins, ou déclarations qu'ils ne savent signer.*)

(*Signature du maire.*)

CHAPITRE V.

Exemptions comme Fils, ou Petit-Fils, ou Aîné de Fils ou Petit-Fils d'une femme actuellement veuve, ou d'un vieillard septuagénaire.

Le fils unique ou l'aîné des fils, et à défaut de fils, le petit-fils ou l'aîné des petits-fils d'une femme actuellement veuve, d'un père aveugle ou d'un vieillard septuagénaire (*qui a 69 ans et un jour*) a droit à l'exemption, quand même il aurait des sœurs plus âgées que lui. 50. Aîné des fils ou petits-fils d'une veuve, d'un père aveugle ou d'un septuagénaire.

L'exemption est due au petit-fils d'une veuve, d'un père aveugle ou d'un homme de 69 ans et un jour, qui, n'ayant pas de fils, n'a qu'une fille mariée, et dont l'époux n'est point le père du réclamant. Dans le cas contraire, le petit-fils n'a pas droit à l'exemption. 51. Petit-fils d'une veuve, etc., qui, n'ayant pas pas de fils, n'a qu'une fille mariée.

MODÈLE 2.

Certificat du *Maire pour établir les droits d'un jeune homme désigné qui réclame l'exemption comme* fils unique *ou comme l'*aîné des fils d'une femme actuellement veuve. 52. Certificat pour les fils de veuves.

DÉPARTEMENT d

CANTON d

Commune d

Nous soussigné (*nom du maire*), maire de la (*nom de la ville ou commune*), sur l'attestation des sieurs (*noms et prénoms des trois témoins*), habitans de ce (*canton, ou ville, ou commune*), pères de jeunes gens en activité de service ou désignés par le sort pour concourir à la formation du contingent de leur classe, certifions, sous notre responsabilité personnelle, et après nous être assuré de l'exactitude de l'attestation qui nous a été faite, que le nommé (*nom et prénoms du réclamant*), né le (*date de sa naissance*), fils de feu (*prénoms du père du réclamant*), inscrit sur la liste du tirage sous le n°..., est désigné pour concourir à la formation du contingent de sa classe, est le (*indiquer s'il est le* fils unique *ou le* fils aîné), de dame (*nom de famille et prénoms de la mère*), veuve dudit (*prénoms du père du réclamant*); que ladite dame (*nom de famille et prénoms de la mère*), est actuellement veuve, et qu'en conséquence ledit (*nom et prénoms du réclamant*) a droit à l'exemption d'après l'art. 14 (n.º 4) de la loi du 10 mars 1818.

Fait à (*le reste comme au modèle* 1, pag. 24.)

53.
Certificat pour les petits-fils de veuves.

DÉPARTEMENT d

CANTON d

Commune d

MODÈLE 3.

Certificat du Maire pour établir les droits d'un jeune homme désigné qui réclame l'exemption comme étant le petit-fils unique *ou* l'aîné des petits-fils d'une femme actuellement veuve.

Nous soussigné (*nom du maire*), maire de la (*nom de la commune ou ville*), sur l'attestation des sieurs (*noms, prénoms et qualités des trois témoins*), tous les trois habitans de ce (*commune, ou ville, ou canton*), et pères de jeunes gens en activité ou désignés pour concourir à la formation du contingent de leur classe, certifions, sous notre responsabilité, et après nous être assuré de l'exactitude de l'attestation qui nous a été faite, que le nommé (*nom et prénoms du réclamant*), né le (*date de sa naissance*), inscrit sur la liste du tirage sous le nº..., désigné pour concourir à la formation du contingent de sa classe, est (*dire s'il est le* petit-fils unique *ou* l'aîné des petits-fils), de dame (*prénoms et nom de famille de la veuve*), veuve de feu (*nom et prénoms du père du réclamant*), grand-père du réclamant, laquelle n'a point de fils vivant, et est actuellement veuve; et que, pour ce motif, il a droit à l'exemption, conformément aux dispositions de l'article 14 (n.º 10) de la loi du 10 mars 1818.

Fait à (*le reste comme au modèle* 1, pag. 24.)

MODÈLE 4.

54. Certificat pour les fils de pères aveugles.

DÉPARTEMENT d

CANTON d

Commune d ,

ertificat du Maire pour établir les droits d'un jeune homme désigné qui réclame l'exemption comme étant le fils unique *ou* l'aîné des fils d'un père aveugle.

Nous soussigné (*nom du maire*), maire de la (*nom de la commune ou ville*), sur l'attestation des sieurs (*noms, prénoms et qualités des trois témoins*), habitans de ce (*commune, ou ville, ou canton*), pères de jeunes gens en activité de service ou désignés par le sort pour concourir à la formation du contingent de leur classe, certifions, sous notre responsabilité personnelle, et après nous être assuré de l'exactitude de l'attestation qui nous a été faite, que le nommé (*nom et prénoms du réclamant*), né le (*date de sa naissance*), inscrit sur la liste du tirage sous le n°..., désigné pour concourir à la formation du contingent de sa classe, est (*dire s'il est le* fils unique *ou* l'aîné des fils), du sieur (*nom et prénoms du père*), notoirement aveugle, et que, pour ce motif, il a droit à l'exemption d'après les dispositions de l'article 14 (n.° 4) de la loi du 10 mars 1818.

Fait à (*se conformer pour le reste au modèle* 1, pag. 24.)

MODÈLE 5.

55. Certificat pour les petits-fils de pères aveugles.

DÉPARTEMENT d

CANTON d

Commune d

Certificat du Maire pour établir les droits d'un jeune homme désigné qui réclame l'exemption comme étant le petit-fils unique *ou* l'aîné des petits-fils d'un père aveugle.

Nous soussigné (*nom du maire*), maire de la (*nom de la commune ou ville*), sur l'attestation des sieurs (*noms, prénoms et qualités des trois témoins*), habitans de ce (*commune, ou ville, ou canton*), pères de jeunes gens en activité de service ou désignés par le sort pour concourir à la formation du contingent de leur classe, certifions, sous notre responsabilité personnelle, et après nous être assuré de l'exactitude de l'attestation qui nous a été faite, que le nommé (*nom et prénoms du réclamant*), né le (*date de sa naissance*), inscrit sur la liste du tirage sous le n°..., désigné pour concourir à la formation du conti gent de sa classe, est (*dire s'il est le* petit-fils unique l'aîné des petits-fils), du sieur (*nom et prénoms du gran père*), lequel est notoirement aveugle, et n'a point de f vivant, et que, pour ce motif, ledit (*nom et prénoms réclamant*), a droit à l'exemption, conformément au dispositions de l'art. 14 (n.° 4) de la loi du 10 mars 181

Fait à (*le reste comme au modèle* 1, pag. 24.)

Certificat pour les fils de septuagénaires.

MODÈLE 6.

DÉPARTEMENT d

CANTON d

Commune d

CERTIFICAT *du Maire pour établir les droits d'un jeune homme désigné qui réclame l'exemption comm étant le* fils unique *ou l'*aîné des fils d'un vieillard septuagénaire.

Nous soussigné (*nom du maire*), maire de la (*nom de la commune ou ville*), sur l'attestation des sieurs (*noms, prénoms et qualités des trois témoins*), habitans de ce (*commune, ou ville, ou canton*), pères de jeunes gens en activité de service, ou désignés par le sort pour concourir à la formation du contingent de leur classe, certifions, sous notre responsabilité personnelle, et après nous être assuré de l'exactitude de l'attestation qui nous a été faite, que le nommé (*nom et prénoms du réclamant*), né le (*date de sa naissance*), inscrit sur la liste du tirage sous le n°..., désigné pour concourir à la formation du contingent de sa classe, est (*dire s'il est le* fils unique *ou* l'aîné des fils), de (*nom et prénoms du père*), lequel est âgé de soixante-dix ans, étant né le (*indication précise de l'âge du père*), et que, pour ce motif, ledit (*nom et prénoms du réclamant*) a droit à l'exemption, conformément aux dispositions de l'article 14 (n.° 4) de la loi du 10 mars 1818.

Fait à (*le reste comme au modèle* 1, pag. 24).

MODÈLE 7.

57. Certificat pour les petits-fils de septuagénaires.

DÉPARTEMENT d

CANTON d

Commune d

Certificat du Maire pour établir les droits d'un jeune homme désigné qui réclame l'exemption comme étant le petit-fils unique *ou* l'aîné des petits-fils d'un vieillard septuagénaire.

Nous soussigné (*nom du maire*), maire de la (*nom de la commune ou ville*), sur l'attestation des sieurs (*noms, prénoms et qualités des trois témoins*), habitans de ce (*commune, ou ville, ou canton*), pères de jeunes gens en activité de service, ou désignés par le sort pour concourir à la formation du contingent de leur classe, certifions, sous notre responsabilité personnelle, et après nous être assuré de l'exactitude de l'attestation qui nous a été faite, que le nommé (*nom et prénoms du réclamant*), né le (*date de sa naissance*), inscrit sur la liste du tirage sous le n.º..., désigné pour concourir à la formation du contingent de sa classe, est (*dire s'il est le* petit-fils *ou* l'aîné des petits-fils), du sieur (*nom et prénoms du grand-père*), lequel est âgé de soixante-dix ans, étant né le (*date de la naissance du grand-père*), et n'a point de fils vivant, et que, par ce motif, ledit (*nom et prénoms du réclamant*) a droit à l'exemption, conformément aux dispositions de l'article 14 (n.º 4) de la loi du 10 mars 1818.

Fait à (*le reste comme au modèle* 1, pag. 24).

CHAPITRE VI.

Frères concourant au même Tirage.

58. Cas où l'aîné des deux frères concourant au même tirage n'a pas droit à l'exemption.

N'ont pas droit à l'exemption portée par l'article 14 de la loi du 10 mars 1818 (*voyez pag.* 8), l'aîné des deux frères concourant au même tirage ;

1.º Si le numéro de son frère puîné n'est pas atteint dans la formation du contingent;

2.º Si ce frère puîné, appelé pour former le contingent, est exempté par un motif quelconque, ou s'il se trouve dans un des cas d'exclusion mentionnés au n.º 10;

3.º Si ce frère, compris dans le contingent, se

trouve dispensé comme ecclésiastique promu a ordres sacrés, ou comme ayant obtenu un des gran prix décernés par l'Institut royal, ou enfin le gra prix d'honneur décerné par l'Université.

59. Jumeaux concourant au même tirage.

Quand deux frères jumeaux concourent au mêm tirage, celui des deux qui a vu le jour le premi a droit à l'exemption, si l'acte de naissance étab la priorité; dans le cas contraire, l'exemption appa tient à celui qui a le numéro le plus élevé.

60. Certificat pour le plus âgé de deux frères.

MODÈLE 8.

CERTIFICAT *du Maire pour établir les droits d'u jeune homme désigné qui réclame l'exemption comm étant le* plus âgé de deux frères désignés tous le deux par le sort dans un même tirage.

DÉPARTEMENT d

CANTON d

Commune d

Nous soussigné (*nom du maire*), maire de la (*nom d la commune ou ville*), sur l'attestation des sieurs (*noms prénoms et qualités des trois témoins*), habitans de c (*commune, ou ville, ou canton*), pères de jeunes gens e activité de service, ou désignés par le sort pour concouri à la formation du contingent de leur classe, certifions sous notre responsabilité personnelle, et après nous êtr assuré de l'exactitude de l'attestation qui nous a été faite, que le nommé (*nom et prénoms du réclamant*), né le (*date de sa naissance*), inscrit sur la liste du tirage sous le n°..., désigné par le sort pour concourir à la formation du contingent de sa classe, est le frère aîné de (*nom et prénoms du frère du réclamant*), né le (*date de la naissance du frère du réclamant*), aussi désigné par le sort dans le même tirage, et que, pour ce motif, ledit (*nom et prénoms du réclamant*) a droit à l'exemption, d'après les dispositions de l'art. 14 (n.° 5) de la loi du 10 mars 1818.

Fait à (*le reste comme au modèle* 1, pag. 24).

CHAPITRE VII.

Exemption comme Frère d'un militaire sous les drapeaux, ou mort en activité, ou réformé pour blessures reçues ou infirmités contractées à l'armée.

TABLEAU DES MILITAIRES *de tout grade et de tout rang dont les frères ont droit à l'exemption accordée par l'art. 14 de la loi du* 10 *mars* 1818.

1.° Officiers-généraux et supérieurs, ou tous autres faisant partie de l'état-major-général de l'armée de terre et de la marine royale; 61. Militaires dont les frères sont exempts.

2.° Les officiers brevetés de la maison militaire du Roi;

3.° Les officiers du corps royal d'état-major, ceux des états-majors des places, et les ingénieurs géographes;

} actuellement en activité, pourvus de lettres de service.

4.° Les officiers et militaires de tous grades et de toutes armes, et des corps d'artillerie et d'infanterie de marine, des équipages de ligne et des gardes nationales mises à la disposition du ministère de la guerre; } en activité de service.

5.° Les officiers, militaires et marins de tous grades morts en activité de service, réformés pour blessures reçues ou infirmités contractées au service, ou admis aux Invalides de la guerre ou de la marine;

6.° Les élèves des écoles militaires brevetés officiers;

7.° Les inscrits maritimes (*marins*) embarqués sur les bâtimens du Roi, *pendant la guerre seulement;*

8.° Les militaires disparus à l'armée, et dont on n'a plus de nouvelles, si le réclamant produit un certificat authentique de la disparition;

9.° Les jeunes soldats faisant partie d'une classe antérieurement appelée, pourvu qu'ils ne soient pas déserteurs;

10.° Les militaires détenus, mais non condamnés à une peine infamante.

Le jeune homme devra prouver ses droits à l'exemption comme frère de militaire, en produisant un certificat du conseil d'administration du corps au- 62. Pièces à produire.

quel appartient son frère, constatant que ce frère est en activité ou mort au régiment, ou réformé pour blessures ou infirmités survenues pendant qu'il était au service.

Il produira en outre le certificat suivant, qui lui sera délivré par le maire de sa commune.

63. Certificat pour le frère d'un militaire.

MODÈLE 9.

DÉPARTEMENT d

CANTON d

Commune d

CERTIFICAT du Maire pour établir les droits d'un jeune homme désigné qui réclame l'exemption comme ayant un frère sous les drapeaux, *ou* mort en activité de service, *ou* réformé pour blessures reçues ou infirmités contractées à l'armée.

Nous soussigné (*nom du maire*), maire de la (*nom de la ville, ou commune, ou canton*), sur l'attestation des sieurs (*nom et prénoms des trois témoins*), habitans de ce (*commune, ou ville, ou canton*) pères de jeunes gens en activité de service, ou désignés par le sort pour concourir à la formation du contingent de leur classe, certifions que le (*nom et prénoms du réclamant*) né le (*date de la naissance*), inscrit sur la liste du tirage sous le n.º..., et désigné pour concourir à la formation du contingent de sa classe, est frère de celui sur lequel il fonde sa demande, et qu'il résulte de l'état ci-dessous qu'il n'a aucun autre frère vivant qui ait été exempté pour d'autres motifs que pour infirmités, ou dont l'exemption doive lui faire perdre le bénéfice de l'art. 14 (n.º 6) de la loi du 10 mars 1818.

FRÈRES DU RÉCLAMANT.

PRÉNOMS.	ANNÉE de la Naissance.	POSITION sous le rapport du Recrutement de l'Armée. *	*OBSERVATIONS.*
			* Indiquer à cette colonne, pour chaque frère prénommé dans l'état, si ce frère a été porté sur une liste de tirage en vertu de la loi du 10 mars 1818, et, dans l'affirmative, s'il a été exempté et pour quel motif; s'il a été dispensé, si son numéro a été compris dans la libération, etc., etc.

Fait à (*le reste comme au modèle* 1, pag. 24.)

En temps de guerre seulement, les frères d'inscrits maritimes pour obtenir l'exemption, constateront, par un certificat du commissaire de marine que leur frère est embarqué *actuellement* sur les bâtimens du roi. Ils produiront toujours le certificat n.º 9. 64. Pièces à produire par les frères d'inscrits maritimes.

Le frère d'un jeune soldat non encore mis en activité produira, outre le certificat n.º 9, un certificat du capitaine de recrutement de son département, pour constater que son frère est inscrit sur le registre matricule départemental. 65. Pièces à produire par le frère d'un jeune soldat non encore mis en activité.

Les jeunes gens qui voudront obtenir du conseil d'administration d'un corps, un certificat constatant la présence, ou la mort, ou la réforme de leur frère, pourront écrire la lettre suivante : 66. Modèle de lettre à écrire au conseil d'administration pour obtenir un certificat.

MESSIEURS,

Desirant profiter de l'exemption accordée par l'article 14 de la loi du 10 mars 1818, je vous prie d'avoir la bonté de me faire parvenir, le plus tôt possible, à l'adresse ci-dessous, un certificat constatant que mon frère (*nom, prénoms et compagnie du frère*) est présent au corps, ou (*est mort au régiment*), ou (*a été réformé pour blessures reçues au service*), ou (*a été réformé pour infirmités contractées au service*).

J'ai l'honneur d'être, messieurs, votre très-humble et très-obéissant serviteur.

Le réclamant mettra ici son adresse. (*Signature du réclamant*).

Il adressera sa lettre : *A Messieurs les Membres du Conseil d'Administration* d (*indiquer le régiment*) à (*lieu où se trouve le régiment.*)

Et il aura soin d'affranchir sa lettre.

Les frères d'officiers généraux, supérieurs ou autres, en non activité ou sans lettres de service ; des aumôniers et officiers de santé des corps et hôpitaux, des déserteurs, des militaires condamnés à mort et exécutés, des militaires condamnés aux travaux publics ou au boulet, ou à des peines infamantes, et enfin de tous ceux qui ne sont pas portés au n.º 61, n'ont pas droit à l'exemption. 67. Militaires dont les frères ne sont pas exempts.

CHAPITRE VIII.

Exemptions aux anciens Militaires.

68. Anciens militaires exemptés.

Les enrolés volontaires qui se sont fait remplacer au corps, et dont les remplaçans sont morts sous les drapeaux, ont droit à l'exemption, ainsi que les officiers réformés ou mis à la retraite; mais les officiers démissionnaires et les officiers de santé licenciés n'y ont pas droit.

CHAPITRE IX.

Des Dispenses.

69. Jeunes gens yant droit à la ispense, et pièces à produire.

TABLEAU DES POSITIONS

Qui entraînent la Dispense, et Pièces à produire.

INDICATION DES CAS DE DISPENSE.	INDICATION DES PIÈCES A PRODUIRE.
Officiers, sous-officiers et soldats en activité de service dans les troupes de terre, de la marine, ou les gardes chiourmes; officiers en non activité, mais non démissionnaires.	Une expédition de l'acte d'engagement, ou une pièce authentique sur l'engagemt, ou un certificat de présence au corps, ou un certificat constatant que l'officier en non activité n'est pas démissionnaire.
Enrôlés volontaires reconnus impropres au service et renvoyés à la revue d'inspection générale qui a suivi leur incorporation.	Le congé de réforme, ou toute autre pièce authentique constatant cette réforme. *Nota.* Les congés de grâce de la marine ne donnent pas droit à la dispense.
Enrôlés volontaires qui se sont fait remplacer au corps, et dont les remplaçans sont sous les drapeaux ou en état de desertion.	Une expédition de l'acte de remplacement.
Inscrits maritimes. Marins.	Un certificat du commissaire de marine. (*Voyez* le n.º 70.)
Inscrits maritimes. Ouvriers de professions maritimes.	Un certificat du commissaire de marine. (*Voyez* le n.º 71.)
Officiers de santé commissionés et employés dans les armées de terre et de mer.	Une expédition de la commission qui leur a été donnée par son excellence le ministre de la marine ou par le ministre de la guerre, Et un certificat constatant qu'ils sont employés dans le service de santé de l'armée, et faisant connaître quel est cet emploi; lequel certificat doit être délivré par le sous-intendant militaire chargé de la police du corps ou de l'établissement où ces officiers sont employés.
Jeunes gens qui ont reçu l'un des ordres sacrés.	Un certificat de l'évêque qui a conféré le ou les ordres sacrés, visé par le préfet pour légalisation de la signature.

INDICATION DES CAS DE DISPENSE.		INDICATION DES PIÈCES A PRODUIRE.
	Jeunes gens autorisés à continuer leurs études ecclésiastiques dans les religions dont les ministres sont salariés par l'état, à condition qu'ils perdront le bénéfice de la dispense s'ils n'entrent pas dans les ordres sacrés.	Pour les catholiques, Un certificat de l'évêque diocésain, visé par le préfet pour légalisation de la signature, et constatant que le réclamant se destine à l'état ecclésiastique, et qu'il a été régulièrem.[1] autorisé à continuer ses études. Pour les autres cultes, Un certificat des chefs de consistoire, constatant que le réclamant se destine au ministère de ce culte, qu'il a été régulièrement autorisé à continuer ses études, et qu'il est en cours d'études; lequel certificat doit être visé par le préfet pour légalisation de la signature.
UNIVERSITÉ.	1.° Professeurs des facultés et des colléges royaux.	Ampliation du brevet de nomination. Engagement par écrit contracté par le réclamant devant le conseil royal de l'instruction publique, de se vouer pendant dix ans au service de l'université, et certificat délivré par le recteur de l'académie, constatant que le réclamant exerce actuellement les fonctions de sa place.
	2.° Agrégés et maîtres élémentaires munis de brevets d'emploi délivrés par son excellence le ministre des cultes et de l'instruction publique.	*Idem.*
	3.° Maîtres d'études des colléges royaux qui auront été nommés par le même ministre.	*Idem.*
	4.° Principaux et régens des colléges royaux brevetés.	*Idem.*
	5.° Frères des écoles chrétiennes.	Un certificat constatant que le réclamant, membre de la congrégation des écoles chrétiennes, a contracté l'engagement de se vouer pendant dix ans à l'instruction publique.
	6.° Instituteurs primaires autorisés.	Un certificat de nomination délivré par le recteur. Engagement contracté par le réclamant de se vouer pendant dix ans au service de l'université, et attestation portant qu'il exerce actuellement les fonctions de sa place.
	7.° Les jeunes gens qui ont remporté le prix d'honneur accordé par l'université.	Un certificat délivré par le conseil royal d'instruction publique.

INDICATION DES CAS DE DISPENSE.	INDICATION DES PIÈCES A PRODUIRE.
Élèves de langues.	Un certificat délivré par son excellence le ministre des affaires étrangères.
Élèves de l'école polytechnique, élèves des écoles des ponts et chaussées et des mines.	Ampliation du brevet de nomination, et certificat de présence à l'école.
Les jeunes gens qui ont remporté l'un des grands prix décernés par l'institut royal.	Un certificat délivré par son excellence le ministre de l'intérieur ou par le secrétaire perpétuel de l'académie qui a décerné le grand prix.
Élèves des écoles spéciales militaires et de marine.	Un certificat d'admission et de présence à l'école, délivré par le commandant.

69. Observation essentielle.

Les jeunes gens qui se trouvent dispensés comme étant dans les positions indiquées à l'article *université*, de 1.° à 7.° inclus; les élèves de l'école polytechnique, des ponts et chaussées, des mines et des écoles spéciales militaires, renonceront à la dispense, et seront repris pour le service, s'ils quittent leurs services ou écoles par un acte de leur volonté.

70. Certificat pour les inscrits maritimes (marins).

MODÈLE 10.

CERTIFICAT DE CLASSEMENT.

INSCRIPTION MARITIME.

Quartier d

Nous commissaire de marine soussigné, chargé de l'inscription maritime au quartier de (*indication du quartier*), certifions que le nommé (*nom et prénoms du réclamant*), né à (*commune ou ville, canton, département*), le (*date de la naissance*), fils de (*prénoms du père*) et de (*nom et prénoms de la mère*), a été légalement et définitivement inscrit en qualité de marin sur le rôle de l'inscription maritime folio.,.. n.°..., le (*date de l'inscription*), et qu'il avait (*fait deux voyages de long cours*), ou (*fait la navigation pendant 18 mois*), ou (*fait la petite pêche pendant deux ans*), ou (*servi pendant deux ans en qualité d'apprenti marin à l'époque du* (indication de l'époque).

En foi de quoi le présent certificat lui a été délivré.

Fait à (*le reste comme au modèle* 1, pag. 24.)

71. Certificat pour les inscrits maritimes (ouvriers).

MODÈLE 11.

CERTIFICAT DE CLASSEMENT.

INSCRIPTION MARITIME.

OUVRIER EXERÇANT UNE PROFESSION MARITIME.

Quartier d

Nous commissaire de marine soussigné, chargé de l'inscription maritime au quartier de (*indication du quartier*), certifions que le nommé (*nom et prénoms du réclamant*), né à (*commune ou ville, canton, département*), le (*date de la naissance*), fils de (*prénoms du père*) et de (*nom et prénoms de la mère*), a été légalement et définitivement inscrit en qualité d'ouvrier (*charpentier de navire*, ou *perceur*, ou *voilier*, ou *calfat*), sur la matricule des ouvriers, folio.... n.º...., le (*date de l'inscription*), et qu'il remplissait, à cette époque, les conditions exigées par les réglemens pour l'inscription définitive.

En foi de quoi le présent certificat lui a été délivré.

Fait à (*le reste comme au modèle* 1, pag. 24.)

72. Individus non dispensés.

N'ont pas droit à la dispense, 1.º les préposés des douanes; 2.º les employés des postes, hôpitaux et subsistances militaires à l'armée; 3.º les employés et ouvriers des manufactures d'armes; mais au besoin, ces derniers peuvent y être conservés, avec l'approbation de son excellence le ministre de la guerre.

73. Jeunes gens ayant étudié pour le service de santé.

Les dispositions ci-dessus sont applicables aux jeunes gens qui, ayant fait des études pour le service de santé, ou tout autre service spécial de l'armée, demanderaient à être employés dans l'un de ces services. Ils pourront y être admis, avec l'autorisation de son excellence le ministre de la guerre, après toutefois que les jeunes gens qui se destinent au service de santé auront été examinés par le conseil de santé des armées.

CHAPITRE X.

Réclamations devant les Tribunaux.

Les jeunes gens qui auraient réclamé contre leur inscription, soit comme étrangers, soit comme ne jouissant pas de leurs droits civils, soit comme les ayant perdus, soit enfin à cause de leur âge, et auxquels les autorités locales n'auraient pas cru pouvoir faire droit, *pourront se pourvoir, pour la solution de ces questions seulement,* devant le tribunal de première instance de leur arrondissement; mais ce pourvoi doit être fait avant le jour fixé pour la clôture de la liste départementale. La partie perdante acquitte les frais. 74. Motifs de réclamations devant les tribunaux, et époque de ces réclamations.

CHAPITRE XI.

Époque où les Remplacemens peuvent avoir lieu; qualités exigées des Remplaçans.

Les remplaçans sont reçus par le conseil de révision, depuis le jour où il commence sa tournée dans les cantons, jusqu'à celui où le préfet a fait expédier les lettres de mise en activité aux maires ou sous-préfets. La tournée dans les cantons une fois terminée, les remplaçans sont reçus au chef-lieu du département. 75. Époque des remplacemens.

Il convient que les jeunes soldats qui veulent se faire remplacer en préviennent le préfet, afin que le conseil de révision soit convoqué, et qu'ils puissent avoir connaissance du jour de la convocation. 76. Avis donné au préfet.

Les jeunes soldats qui voudraient se faire remplacer après l'époque fixée au n.° 76, adresseront leur demande au préfet du département, et y détailleront les motifs qui les ont empêchés de se faire remplacer plus tôt. Le préfet enverra cette demande avec son avis, s'il y a lieu, au lieutenant-général commandant la division, lequel décidera si le remplaçant peut être reçu. 77. Demandes de remplacement après l'époque fixée.

78. Pièces à produire par les remplaçans.

Pour être reçu comme remplaçant, un jeune homme doit produire,

1.° Un extrait de l'acte de naissance légalisé par le président du tribunal de première instance de l'arrondissement où il est né ;

2.° Son congé, s'il a servi ; ou un certificat du maire de sa commune, visé par le sous-préfet, indiquant de quelle manière il a satisfait à la loi sur le recrutement ;

3.° Un certificat de bonnes vie et mœurs, délivré par le maire de sa commune, et visé par le juge de paix du canton. Ce certificat ne devra pas avoir plus de deux mois de date, et sera conforme au modèle suivant :

79. Certificat de bonnes vie et mœurs.

MODÈLE 12.

Certificat de bonnes vie et mœurs à délivrer par MM. les Maires.

DÉPARTEMENT d

ARRONDISSEMENT d

CANTON d

Commune d

(*Voir* n.° 42.)

Nous, maire de la commune d (*nom de la commune*) soussigné, certifions, sous notre responsabilité personnelle, que le sieur (*nom, prénoms et surnoms*) est né le (*date de la naissance*), à (*nom de la ville ou commune*), canton d (*nom du canton*), arrondissement d (*nom de l'arrondissement*), ainsi qu'il résulte de son acte de naissance dûment légalisé, et des autres pièces produites, et ci-après inventoriées :

1.° Qu'il jouit de ses droits civils, et qu'il n'est dans aucun des cas prévus par le Code civil qui entraînent la privation de ces droits ;

2.° Qu'il habite depuis plus de six mois dans cette commune ;

3.° Qu'il y exerce la profession de (*nom de la profession*), et qu'il travaille (1)....

4.° Qu'il résulte du témoignage des notables habitans soussignés, tous pères de famille imposés au rôle des contributions, et demeurant depuis plus d'un an dans la commune, qu'il a eu constamment une bonne conduite ;

(1) Indiquer ici chez qui il travaille, et depuis combien de temps; (*ou bien*) qu'il vit chez ses parens ; (*ou bien*) qu'il est au service de M...

5.° Qu'il est régulièrement libéré du service militaire (1), et qu'il n'est pas marié (2); ce qui nous a été attesté également par les deux témoins qui ont signé avec nous.

Fait à (*le reste comme au modèle* 1, pag. 24.)

Inventaire des pièces dont est porteur le sieur....

1.° Acte de naissance ;
2.° ....
3.° ....
4.° ....

Signalement du sieur....

Taille de... cheveux... sourcils... nez... yeux... bouche... menton... visage... (*indiquer les marques particulières*), domicilié à..., canton d..., arrondissement d..., département d...

Visé et vérifié par nous, juge de paix du canton d...

(*Signature du juge de paix du canton.*)

Visé par nous, préfet du département d... (3)

Le certificat de bonnes vie et mœurs ne peut être délivré qu'à un homme qui a plus de six mois de domicile dans la commune. 80. Le certificat de bonnes vie et mœurs ne s'obtient qu'après une résidence de six mois.

Dans les trois mois qui suivront le jour de la date de leur congé, les anciens militaires qui voudront servir comme remplaçans, n'auront pas besoin du certificat de bonnes vie et mœurs; leur congé leur en tiendra lieu. 81. Exceptions pour les anciens militaires.

---

(1) Faire connaître à quel titre il est libéré.

(2) Si l'individu est marié, le maire le fera connaître, sauf au conseil de révision à examiner si la position domestique de l'homme porteur du certificat n'a rien qui fasse obstacle chez lui à l'accomplissement des devoirs du soldat.

(3) Ce *visa* ne sera nécessaire que pour les hommes qui se présenteraient comme remplaçans dans un département autre que celui de leur résidence.

Après le troisième mois, et avant la fin du sixième, ils recevront un certificat de bonnes vie et mœurs, s'ils se sont bien conduits, quoiqu'ils n'aient pas six mois de résidence dans la commune.

Après les six mois, ils seront tenus de présenter les pièces exigées au n.° 78.

82. Qualités physiques et taille des remplaçans.

Les remplaçans ne peuvent être admis s'ils ont plus de trente ans; mais s'ils ont servi, ils peuvent être reçus jusqu'à trente-cinq ans.

Ils doivent être en outre sains et robustes, et avoir au moins la taille de 1 mètre 470 millimètres (4 *pieds* 10 *pouces*.)

Cependant, le remplaçant d'un homme appelé à l'activité ne sera point admis s'il n'a pas la taille et les autres qualités requises pour faire un bon service dans l'arme à laquelle son remplacé était destiné.

83. Certificat d'identité.

Le remplaçant devra produire en outre un certificat d'identité, conforme au modèle suivant :

MODÈLE 13.

Certificat d'identité accordé au (nom et prénoms du réclamant), *qui se présente pour être admis à servir comme remplaçant.* (*Voir* n.° 43.)

DÉPARTEMENT d

CANTON d

Commune d

Nous soussignés (*nom du maire ou adjoint*) de la commune d (*nom de la commune*), canton d (*nom du canton*), département d (*nom du département*), ou (*nom et qualité, état ou profession*), et (*nom et prénoms du jeune homme qui demande à se faire remplacer*), de la commune d (*nom de la commune*), canton d (*nom du canton*), département d (*nom du département*), compris dans le contingent de sa classe pour le canton d (*nom du canton*), département d (*nom du département*), certifions, sous notre responsabilité personnelle, que l'individu ici présent (1), et qui demande à être admis comme remplaçant du sieur (*nom et prénoms du jeune homme qui demande à se faire remplacer*), ci-dessus nommé, est bien connu de nous pour être celui auquel se rapportent les certificats, acte de naissance et autres pièces dont

(1) Si un fondé de pouvoirs se présentait à la place du remplacé, il serait tenu de remplir les formalités exigées de celui-ci.

il est porteur, et dont la production est exigée par les instructions de S. Exc. le ministre de la guerre.

En foi de quoi nous avons signé, ainsi que le remplaçant, en présence de (*désigner quels sont les membres du conseil de révision présens*), membres du conseil de révision.

(*Si le remplaçant ou le remplacé ne savait pas signer, il devrait en être fait mention*).

Fait à (*le reste comme au modèle* 1, pag. 24.)

Les individus qui ont été condamnés, *même en police correctionnelle*, pour des actes contraires à la probité et à la morale, de même que ceux qui ont été congédiés des compagnies de discipline (*fusiliers ou pionniers*) ne peuvent être admis comme remplaçans. 84. Hommes qui ne peuvent être admis comme remplaçans.

CHAPITRE XII.

Remplacemens, et Responsabilité des Remplacés.

Le remplacement est valable du moment où l'acte administratif a été signé par le remplaçant, le remplacé, (ou ses fondés de pouvoirs, qui doivent alors répondre pour lui), et le préfet du département. Toutes les pièces produites par les remplaçans restent à la préfecture; et si ces pièces sont nécessaires auxdits remplaçans, on leur en délivre des copies authentiques. 85. Actes de remplacement.

Les copies de l'acte de remplacement sont délivrées *gratis* au remplaçant et au remplacé, s'ils en font la demande. 86. Copie de l'acte de remplacement délivrée aux parties

Le remplacé répond personnellement de son remplaçant, *pour le cas de désertion seulement, pendant un an et un jour*, à partir de celui où l'acte de remplacement a été signé par le préfet. Ainsi, si le remplaçant déserte, et n'est pas arrêté dans l'intervalle, le remplacé recevra du préfet l'ordre de marcher en personne, ou de fournir un deuxième remplaçant, dont il sera également responsable. On pourra lui accorder, pour se procurer un autre homme, un délai qui ne dépassera pas quarante jours. Si 87. Responsabilité du remplacé.

un remplaçant déserteur est arrêté avant la fin de l'année de responsabilité du remplacé sans être mis en jugement, son remplacé ne répond pas moins de lui pendant le reste de l'année.

88. *Remplacemens entre frères.* Un jeune homme peut se faire remplacer par son frère, pourvu que ce dernier ait au moins dix-huit ans accomplis, et qu'il réunisse toutes les qualités exigées des remplaçans. Ce remplacement n'entraîne aucune responsabilité.

89. *Un remplacé ne peut devenir remplaçant avant un an.* Un jeune homme qui s'est fait remplacer ne peut être admis comme remplaçant avant l'expiration du délai fixé au n.° 87.

90. *Remplaçant ne peut se faire remplacer avant un an.* Un remplaçant ne peut se faire remplacer pendant l'année où son remplacé est responsable de lui; cependant, ce deuxième remplacement peut avoir lieu, si le remplacé consent à se charger pendant une année de répondre du deuxième remplaçant; alors le premier remplacement devient nul.

CHAPITRE XIII.

Des Substitutions ou Échanges de Numéros de tirage.

91. *Conditions des substitutions.* L'échange de numéros de tirage s'appelle *substitution*. La substitution ne peut avoir lieu qu'entre les jeunes gens de la même classe et du même canton, et qu'autant que les contractans sont propres au service militaire.

92. *Les exemptés ou dispensés reçus comme substituans, renoncent à la dispense.* Les jeunes gens exemptés et ceux qui ayant droit à la dispense, sont susceptibles d'être libérés par la seule élévation de leur numéro, peuvent être admis comme substituans, mais ils ne le seront qu'autant qu'ils renonceront à l'exemption ou à la dispense.

93. *Epoque des substitutions; elles n'entraînent aucune responsabilité.* Les substitutions ne sont admises par le conseil de révision que jusqu'au jour de la clôture de la liste départementale. Elles n'entraînent aucune responsabilité de la part du substitué.

94. *Les substitutions n'exigent aucune formalité.* La seule formalité nécessaire pour les substitutions est le consentement des parties, et la signature de l'acte par elles et le préfet.

CHAPITRE XIV.

Des Hommes qui se mutilent volontairement.

Lorsque le conseil de révision soupçonnera qu'un jeune homme a commis l'action honteuse et lâche de se mutiler volontairement, (*c'est-à-dire de se couper un doigt, ou de s'arracher les dents, ou de se faire volontairement une blessure*) pour se soustraire au service militaire, il ordonnera une enquête : (*une recherche*). 95. Enquête ordonnée contre les jeunes gens soupçonnés de mutilation volontaire.

Si par suite de cette enquête, ou par tout autre moyen, on découvre que le jeune homme s'est mutilé volontairement, il sera déclaré propre au service, et envoyé dans une compagnie de punition, appelée *pionniers*. 96. Punition de ceux qui se mutilent volontairement.

Les jeunes gens doivent repousser avec mépris les conseils qu'on leur donne quelquefois de se mutiler, ou de feindre des infirmités pour se soustraire au service militaire, ou enfin de manquer à leurs devoirs. Le conseil de révision étant composé d'administrateurs éclairés, de deux des plus notables habitans du département, et toujours accompagné d'officiers de santé, il est impossible de le tromper, et celui qui a essayé de le faire, ne retire de sa mauvaise action que la punition et la honte. 97. Les jeunes gens doivent se défier des mauvais conseils.

CHAPITRE XV.

Libération des Numéros de tirage non appelés à former le Contingent; clôture de la Liste du Contingent.

Quand la liste du contingent aura été arrêtée et signée comme il est prescrit par les articles 16 et 17 de la loi du 10 mars 1818 (*voyez* pag. 10), les derniers numéros appelés dans chaque canton seront publiés et affichés dans toutes les communes, et tous les numéros suivans seront libérés, et ne pourront plus être repris pour le service militaire. 98. Libération définitive des jeunes gens non appelés.

SECONDE PARTIE.

JEUNES SOLDATS DANS LEURS FOYERS.

SECTION I.re

Devoirs des Jeunes Soldats dans leurs foyers.

CHAPITRE I.er

Dispositions générales.

99. *Époque à laquelle les jeunes gens compris dans le contingent deviennent jeunes soldats.*

Au jour fixé pour la clôture de la liste départementale du contingent, tous les jeunes gens portés sur cette liste, soit qu'ils marchent pour leur propre compte, ou comme remplaçans ou substituans, seront inscrits sur le registre matricule départemental; dès lors ils appartiendront à l'armée, prendront la dénomination *de jeunes soldats*, et seront considérés comme militaires en congé, et par conséquent soumis aux règles de police mentionnées aux numéros suivans et au *supplément*.

100. *Jeunes soldats s'absentant de l'arrondissement ou du département.*

Les jeunes soldats laissés dans leurs foyers, conformément à l'article 19 de la loi du 10 mars 1818 (*voyez pag.* 12), qui voudront s'absenter pour plus de quinze jours de leur arrondissement, sont tenus d'en informer le maire de leur commune, et, dans le cas où ils voudraient quitter leur département, ils ont besoin de la permission du préfet, ou de celle du maire, s'il est autorisé par le préfet à l'accorder. Dans les deux cas, ils sont tenus d'informer le maire de leur commune du lieu où ils vont, et de faire savoir à leur arrivée le lieu de leur habitation au maire de la nouvelle commune.

101. *Jeunes soldats retournant à leur domicile.*

Les jeunes soldats absens qui voudront retourner à leur ancien domicile, en préviendront le maire de l'endroit où ils se trouvent.

Les passe-ports à l'étranger ne seront délivrés qu'avec l'autorisation du ministre de la guerre. 102. Passe-ports à l'étranger.

Les jeunes soldats dans leurs foyers, quand ils tombent malades, peuvent être traités dans les hôpitaux aux frais du gouvernement. Ils s'adresseront au capitaine de recrutement pour obtenir leur billet d'admission à l'hôpital. 103. Jeunes soldats dans leurs foyers sont admis gratuitement dans les hôpitaux.

CHAPITRE II.

Mariage des Jeunes Soldats.

Tout jeune soldat qui voudra se marier, devra en faire la demande au général commandant le département, auquel cette demande sera transmise par le maire de sa commune, avec son avis, s'il le juge convenable. 104. Demande d'autorisation de mariage.

Le général peut refuser l'autorisation, s'il croit que ce mariage peut être préjudiciable aux intérêts du service et des familles. 105. Le général peut refuser l'autorisation.

Il est expressément défendu à MM. les maires et officiers de l'état civil de marier aucun jeune soldat s'il n'a pas l'autorisation du général commandant le département. 106. MM. les officiers de l'état civil ne peuvent faire le mariage sans que l'autorisation leur soit remise.

SECTION II.

Devancement d'Appel.

CHAPITRE I.er

Demande à faire pour devancer l'Appel, et qualités exigées suivant l'arme que choisit le Jeune Soldat.

Les jeunes soldats sont autorisés, à moins de décisions contraires, à choisir le corps dans lequel ils desirent être admis, au moyen d'une simple demande adressée au sous-intendant militaire chargé du recrutement dans le département, pourvu que le corps dans lequel ils veulent entrer ne soit pas un de ceux que son excellence le ministre de la guerre a dési- 107. Le jeune soldat qui veut devancer l'appel doit en faire la demande par écrit au sous-intendant.

gnés comme complets, (*ce dont ils pourront s'informer auprès du maire de leur commune*), et qu'ils réunissent la taille et les qualités requises. (*Voir les n.*° 148 *et* 152.) Cette demande doit être faite dans la forme ci-après :

Je soussigné déclare que je desire être incorporé dans le.... régiment...., immédiatement et sans attendre que je sois appelé à l'activité; en conséquence, je demande que M. le sous-intendant militaire chargé du recrutement dans le département de.... veuille bien me délivrer les ordres et pièces nécessaires pour que je me rende et sois admis au corps sus-désigné.

A......, le...... 18...

(*Signature du jeune soldat.*)

108. Cas où le corps que choisit le jeune soldat aurait été désigné comme complet.

Si le jeune soldat desire servir dans un des corps désignés comme ayant atteint leur complet, il devra, avant de faire la demande ci-dessus, s'adresser au conseil d'administration de ce corps, pour en obtenir un certificat constatant qu'il peut y être admis; ce certificat devra être joint à la demande que le jeune soldat fera au sous-intendant militaire

La lettre au conseil d'administration pourra être conforme au modèle ci-joint :

A Messieurs les Membres du Conseil d'Administration du 00.e régiment (*d'infanterie ou de cavalerie.*)

MESSIEURS,

Le corps que vous administrez étant du nombre de ceux désignés par le ministre de la guerre comme ayant atteint leur complet, et desirant avoir l'honneur d'y servir, je vous prie de vouloir bien m'expédier le plus tôt possible, à l'adresse ci-dessous, un certificat constatant que votre effectif actuel permet mon admission au corps, après toutefois que mon aptitude aura été reconnue par qui de droit.

J'ai l'honneur d'être, messieurs, votre très-humble et très-obéissant serviteur.

Nota. Il faut que les lettres soient affranchies, sans quoi elles seraient refusées.

(*Signature du jeune soldat, qui mettra son adresse au-dessous*).

Ces formalités remplies, le sous-intendant militaire qui aura reçu la demande du jeune soldat, lui donnera, s'il y a lieu, avis de se présenter à son bureau pour recevoir une feuille de route, qu'il ne lui délivrera qu'après l'avoir fait visiter (*voyez* n.º 159 *et suivans*) s'il veut entrer dans une autre arme que l'infanterie de ligne ou légère. 109. Visite d'un jeune soldat qui demande à devancer l'appel pour un autre corps que l'infanterie de ligne ou légère.

Lorsqu'en exécution d'une ordonnance royale, tout ou partie d'une classe est appelée à l'activité, la faculté de devancer l'appel et de choisir leur corps cesse pour les jeunes soldats de cette classe, ou pour ceux qui doivent être compris dans la portion appelée, à partir du jour où l'on aura commencé la formation de la liste nominative des jeunes gens qui doivent être mis en activité. 110. Époque après laquelle les jeunes soldats ne sont plus admis à devancer l'appel.

CHAPITRE II.

Mise en route : Cas de Désertion.

Le jeune soldat partira immédiatement après avoir reçu sa feuille de route; il aura en route les mêmes droits et les mêmes devoirs à remplir qu'un enrôlé volontaire, et sera déclaré déserteur après le même délai (*voyez* n.ᵒˢ 167 *à* 170 *inclus*) s'il ne rejoint pas son corps. 111. Mise en route : cas de maladie ou désertion.

TROISIÈME PARTIE.

APPELS A L'ACTIVITÉ.

SECTION I.re

Appels.

CHAPITRE I.er

Réunion des Jeunes Soldats au chef-lieu du département. Revue de répartition.

112. *Jeunes gens convoqués au chef-lieu du département.*

Les jeunes soldats appelés à l'activité en vertu d'ordonnance royale, seront convoqués par des lettres dites de *mise en activité*, qui leur seront notifiées à domicile, au nom du ministre de la guerre. Ils se rendront au chef-lieu du département la veille du jour indiqué sur leurs lettres, quand même ils seraient devenus infirmes depuis la clôture de la liste départementale.

113. *Ils ont droit à l'indemnité de route, et à celle de séjour.*

Ils ont droit à l'indemnité de 15 centimes (*3 sols*) par lieue de poste, pour se rendre de leur résidence au chef-lieu du département; et à celle de 75 centimes (*15 sols*) pour solde de séjour. Ces indemnités leur sont payées par les soins du capitaine de recrutement et du sous-intendant militaire.

114. *Ils doivent se présenter à leur arrivée au capitaine de recrutement.*

A leur arrivée, ils se présentent au capitaine de recrutement, qui les fait loger, et les prévient de l'heure à laquelle ils doivent se trouver au lieu fixé pour la répartition.

115. *Revue de répartition.*

L'officier-général ou supérieur chargé de cette opération, répartira les jeunes soldats entre les différens corps assignés au département; enverra les malades à l'hôpital, et les hommes qu'il croira susceptibles de réforme devant le conseil de révision.

Les jeunes soldats qu'une maladie ou des infirmités empêchent de se rendre au chef-lieu du département, sont tenus d'en informer le maire de leur commune, et de lui faire remettre leur demande, soit pour obtenir un délai, soit pour être réformés, le tout dans les trois jours de la réception de leur lettre de mise en activité. 116. Jeunes soldats que la maladie ou des infirmités empêchent de se rendre au chef-lieu du département.

La demande dont il est question au n.° précédent sera transmise par le maire au préfet; celui-ci la soumettra, s'il y a lieu d'y donner suite, au conseil de révision, qui examinera les motifs présentés par le jeune soldat, et le fera comparaître et visiter s'il le juge convenable. 117. Les demandes des jeunes soldats soumises par le préfet au conseil de révision.

Si le réclamant est reconnu atteint d'une maladie qui peut être guérie, le sous-intendant militaire lui fera parvenir un billet d'hôpital, ou un certificat constatant le délai qui lui aura été accordé par le conseil de révision. 118. Jeunes soldats attaqués de maladie susceptible de guérison.

Toutes les demandes formées par les jeunes soldats après le troisième jour de la notification de leur lettre de mise en activité, jusqu'au jour fixé pour leur départ, soit pour cause de maladie, soit pour cause d'infirmités, doivent être adressées par les maires au sous-intendant militaire, qui les fera parvenir à l'officier-général ou supérieur chargé de la répartition, lequel se conformera à ce qui a été dit n.° 115. 119. Demandes faites après les trois jours de la notification.

CHAPITRE II.

Réforme provisoire et définitive.

Si les jeunes soldats visités en présence du conseil de révision en vertu des n.os 115 et 117, sont reconnus impropres au service, le sous-intendant militaire leur fera parvenir un certificat provisoire de réforme. 120. Réforme provisoire.

Les jeunes soldats qui, d'après les dispositions précédentes, auront reçu des certificats provisoires de renvoi dans leurs foyers, seront appelés à comparaître devant l'inspecteur-général chargé de l'inspection du dépôt de recrutement, pour être visités de 121. Devoirs des jeunes soldats réformés provisoirement, et réforme définitive.

nouveau en sa présence. Cet officier-général ordonnera l'incorporation immédiate de ceux qui lui paraîtront propres au service militaire. Quant à ceux qui seront reconnus infirmes, ils recevront des congés définitifs de renvoi dans leurs foyers, pour inaptitude au service; s'ils ne se présentent pas, ils seront déclarés déserteurs.

SECTION II.

Mise en Route. Devoirs chez l'Habitant.

CHAPITRE 1.er

Mise en Route. Solde et Vivres.

122. Départ du chef-lieu du département.

Le jour fixé pour le départ du chef-lieu du département, chaque jeune soldat doit être exact à se trouver aux lieu et heure indiqués pour le départ. Le capitaine de recrutement en fait l'appel, forme les détachemens d'après la répartition faite par l'officier-général ou supérieur, et les met en route sur-le-champ, sous la conduite du nombre d'officiers et sous-officiers désignés à cet effet.

123. Solde et vivres des jeunes soldats.

Les jeunes soldats ont droit au logement militaire, à une ration de pain, et à 55 centimes (*11 sols*) par journée de marche pendant la route. Aucune déduction ni retenue ne doit leur être faite sur cette solde.

CHAPITRE II.

Devoirs en Route chez l'Habitant.

124. Devoirs chez l'habitant.

Tout soldat logé chez l'habitant doit s'y comporter avec décence et politesse. Il ne doit en exiger autre chose que la place au feu, la lumière, les pots, plats, assiettes et autres ustensiles de cuisine nécessaires : du reste, il doit tout acheter, à l'exception du bois.

Si les hôtes refusaient de lui fournir ce qui lui est légitimement dû, il doit s'abstenir de tous mauvais procédés ou voies de fait, mais il peut alors porter plainte à l'officier ou sous-officier commandant le détachement, chargé de lui faire rendre justice. Si un jeune soldat se trouve isolé, il doit porter ses plaintes au maire ou à l'adjoint de la commune où il est logé.

Les hôtes doivent le coucher aux soldats, tel que le prescrit l'ordonnance, (1) mais ils ne peuvent être déplacés du lit ni de la chambre qu'ils occupent habituellement.

SECTION III.

Désertion.

CHAPITRE I.er

Délais après lesquels un jeune soldat est déclaré Déserteur.

125. Jeunes soldats ayant reçu une feuille de route pour rejoindre un corps.

Tout jeune soldat qui sans motifs d'empêchement légitime, ne sera pas rendu à sa destination au jour fixé dans son ordre ou feuille de route, sera signalé comme déserteur à la gendarmerie à l'expiration du délai d'un mois.

126. Jeunes soldats qui ne se sont pas présentés.

Si un jeune soldat mis en activité ne s'est pas présenté pour se munir d'une feuille de route, le délai commencera le quatrième jour après la notification de sa lettre de mise en activité, plus le temps jugé nécessaire pour qu'il se rende du lieu de sa résidence à celui de sa destination, à raison de quatre lieues de poste par journée de marche.

127. Jeunes soldats faisant partie d'un détachem.t

Si le jeune soldat mis en activité a été compris dans un détachement, le délai commencera du jour de l'arrivée de ce détachement à sa destination.

128. Jeunes soldats hors du royaume à l'époque du tirage.

Quant à ceux qui se trouvent hors du royaume, le délai ne commence, savoir :

---

(1) Un lit pour deux, garni d'une paillasse remplie de paille, d'un matelas ou bien d'un lit de plume, une couverture de laine, un traversin et des draps blancs.

1.° Qu'après deux mois pour ceux qui résident sur le continent d'Europe;

2.° Après six mois pour ceux qui seraient dans les colonies situées en-deçà du Cap de Bonne-Espérance;

3.° Après un an pour ceux qui seraient dans les colonies situées au-delà du Cap.

Mais ces dispositions ne s'appliquent qu'aux jeunes gens qui se trouvaient déjà hors du royaume à l'époque du tirage.

CHAPITRE II.

Peines contre la Désertion.

129. *La désertion à l'intérieur est punie de trois ans de travaux publics*

La désertion à l'intérieur est punie des travaux publics. La durée de la peine est de trois ans, et les frais de poursuite et de procédure sont toujours à la charge des déserteurs condamnés.

130. *Manière dont le jugement est exécuté.*

Tout condamné aux travaux publics sera conduit le lendemain de sa condamnation à la parade des gardes montantes, revêtu de l'habillement prescrit pour les condamnés; il entendra sa sentence, après quoi les gardes défileront devant lui; il partira dans les vingt-quatre heures, sous l'escorte de la gendarmerie, pour être conduit directement au lieu où il devra subir sa peine.

131. *Régime des condamnés dans les atteliers.*

Les déserteurs condamnés aux travaux publics sont employés soit à des travaux militaires, soit à des travaux civils; ils ne peuvent ni couper ni raser leur barbe; ils conservent leurs moustaches, mais leurs cheveux sont rasés tous les huit jours; ils sont logés ou dans des casernes particulières, ou bien campés ou baraqués auprès de leurs travaux; dans les casernes, ils reçoivent pour le couchage une paillasse et une couverture par deux hommes; dans leurs tentes ou baraques, de la paille seulement et une couverture pour deux; ils reçoivent le pain militaire et une ration de riz ou autres légumes secs.

132. *Expiration de la peine.*

Tout condamné aux travaux publics mis en liberté, soit qu'il en ait été gracié ou qu'il ait subi sa peine, sera mis à la disposition du ministre de la guerre, qui le fera rentrer dans un des corps de l'armée.

Observation importante.—Il est bon de faire remarquer ici aux jeunes soldats appelés à faire partie de l'armée, qu'en se rendant coupables de désertion ils blessent non-seulement l'intérêt de leur patrie, mais encore le leur propre. Dès le moment où ils sont déclarés déserteurs, on commence les poursuites chez eux; ils ne sont jamais tranquilles; ils ne peuvent voir leur famille ni former aucun établissement, et même ils sont obligés de travailler à vil prix pour des gens qui les cachent et profitent de leur situation. Ils ont tous les jours à craindre d'être dénoncés; une querelle, un hasard, un rien, suffit pour les faire découvrir et arrêter, quelque bien qu'ils soient cachés, et alors ils sont livrés à toute la sévérité des lois militaires, après avoir mené quelquefois assez long-temps une vie inquiète et misérable. Ce n'est pas tout; après avoir subi leur peine, ils sont encore obligés de servir, et de passer dans un corps tout le temps qu'ils y auraient passé s'ils avaient satisfait de suite à leurs obligations. Que les jeunes gens appelés à servir réfléchissent bien sur ces observations, et elles les mettront en garde contre les mauvais et perfides conseils de ceux qui veulent les détourner de ce qu'ils doivent à leur patrie et à leur honneur.

QUATRIÈME PARTIE

INCORPORATION ET LIBÉRATION

SECTION I.re

Incorporation.

CHAPITRE I.er

Première Mise de petit équipement accordée aux Jeunes Soldats.

133. Chaque jeune soldat nouvellement incorporé a droit à une première mise.

Tout enrôlé volontaire ou jeune soldat (remplaçant et autres) a droit, à son arrivée au corps, à une somme qui lui est accordée cette fois seulement, sous le titre de *masse de première mise*, laquelle est destinée à fournir à chaque homme de recrue tous les effets de *petit équipement*, et ceux dits de *petite monture*, dont il doit être pourvu aux termes des réglemens.

Cette somme est :

Dans les régimens de troupes à pied de la garde royale, de 59 francs 85 centimes ;

Dans les régimens de troupes à pied de la ligne, de 40 francs ;

Dans les régimens de cavalerie de la garde et de la ligne, de 22 francs ;

Et dans les escadrons des trains d'artillerie, du génie, des équipages de la ligne et de la garde royale, de 23 francs.

Au moyen de cette somme une fois payée, le soldat doit se pourvoir d'abord et s'entretenir des effets de linge et chaussure à son usage, et dont l'indication sera donnée au chapitre II ci-après.

134. Retenue journalière pour la masse de linge et chaussure.

Pour subvenir aux besoins du soldat à cet égard, on exerce une retenue sur sa solde; savoir :

De 15 centimes (3 *sous*) par jour dans les corps

de la garde royale, et de 10 centimes (2 *sous*) par jour dans les corps de la ligne.

Le montant de cette retenue, qui se règle tous les trois mois par les soins du conseil d'admitration, est destiné à former, pour chaque homme, un fond de masse dite *de linge et chaussure*, dont la quotité est fixée comme il suit :

A 40 francs pour les soldats de la garde royale, à 30 francs pour les soldats de la ligne.

Tous les trois mois, on fait à chaque homme le décompte du produit de la retenue journalière, quand toutefois il a sa masse complète, et s'il ne lui manque point d'effets de *linge et chaussure*. Dans le cas contraire, le produit de la retenue sert au remplacement desdits effets, ou est laissé à la masse pour la compléter, jusqu'à concurrence de la somme ci-dessus (n.° 134). 135. Décompte de masse de linge et chaussure.

CHAPITRE II.

Composition du Havre-Sac.

La composition du petit équipement et des effets de petite monture des soldats est réglée ainsi qu'il suit. 136. Composition du sac. (*Voir* n.° 138.)

Petit équipement. — * Trois chemises, * 2 paires de souliers, 1 paire de demi-guêtres noires, 2 paires de demi-guêtres blanches, * 1 caleçon de toile, * 1 paire de bretelles de pantalons, 2 cols noirs, 1 couvre-giberne, * 1 serre-tête, 1 tourne-vis, 1 épinglette, 1 un havre-sac.

Petite monture. — * Deux mouchoirs de poche, * 1 brosse d'habit, * 1 brosse double, * 1 boîte à graisse en fer-blanc, 1 fiole à l'huile, 2 plombs de pierres à feu ; 1 trousse en veau garnie des objets ci-après : * 1 brosse à éclaircir les boutons et les ornemens du schakot, * 1 patience, * 1 alène emmanchée, * 1 peigne à décrasser, * 1 dé à coudre, * 3 aiguilles, * 2 pelottes de fil, dont 1 de noir et 1 de blanc, * 1 paire de ciseaux.

137. Emploi de la somme versée pour première mise.

La somme allouée aux hommes de recrue (*voir* n.° 133) est destinée à l'achat des effets de *petit équipement* (*voir* n.° 136), mais ils sont tenus de se pourvoir sur leur solde des effets de *petite monture*.

138. Les jeunes soldats peuvent conserver au corps les effets qu'ils ont apportés de chez eux, s'ils sont d'uniforme.

Les jeunes soldats conservent au corps les effets de petit équipement qu'ils apportent de chez eux, lorsque ces effets sont en bon état et ne sont pas incompatibles avec la tenue du corps, quant à leur forme et à leur couleur. Lesdits effets doivent être déduits de ceux dont les jeunes soldats auront à se pourvoir à leur arrivée au corps, et la portion de la première mise qui n'aura pas été employée restera à la masse de linge et chaussure du soldat.

En conséquence des dispositions prescrites au paragraphe précédent, tous les jeunes soldats mis en activité qui pourront se pourvoir dans leurs familles des effets marqués de cette astérisque * au n.° 136, complèteront plus tôt leur masse de linge et chaussure, et seront à même de percevoir tous les trois mois le décompte de la retenue journalière exercée sur leur solde.

SECTION II.

Remplacemens dans les Corps, et responsabilité des Remplacés.

CHAPITRE UNIQUE.

139. On ne peut se faire remplacer au corps que pour des motifs graves.

Les militaires en activité dans les corps de l'armée ne peuvent se faire remplacer, si des motifs graves n'exigent pas leur retour dans leurs familles.

140. Par qui est donnée l'autorisation de se faire remplaser.

Les autorisations de remplacemens seront délivrées par MM. les maréchaux-de-camp commandant les subdivisions sur la proposition des conseils d'administration des corps.

Nul ne pourra remplacer un militaire en activité de service s'il est âgé de plus de vingt-six ans, qu'il ait servi ou non, et s'il est marié. 141. Conditions relatives à l'âge.

Le remplaçant présentera au conseil d'administration les pièces exigées aux n.os 78, 79 et 83, et sera admis si le conseil d'administration lui trouve les qualités nécessaires pour l'arme. 142. Qualités physiques. Pièces à produire.

Si le remplaçant proposé n'a pas servi dans l'arme du remplacé, il devra souscrire l'obligation de rester au corps deux ans de plus que celui-ci ne devait y rester; mais s'il a déjà servi dans cette arme, il pourra être admis à finir le temps qui restera à faire au remplacé, mais ce temps ne pourra être moindre que deux ans, quelle que soit l'époque du remplacement. 143. Durée du service du remplaçant.

Le remplacé versera dans la caisse du corps la somme indiquée ci-après, suivant l'arme. 144. Somme à verser par le remplacé dans la caisse du corps.

DÉSIGNATION DES TROUPES.	GARDE royale. fr.	c.	LIGNE. fr.	OBSERVATION.
Infanterie	207	56	100	Lorsque le remplacem.t a lieu entre frères, la famille n'est point tenue de faire verser la somme spécifiée ci-contre.
Artillerie à pied et régim.s du génie	228	82	120	
Ouvriers du génie	»	»	150	
Grenadiers à cheval	421	17	»	
Carabiniers	»	»	160	
Cuirassiers	358	47	160	
Dragons	392	24	140	
Chasseurs	351	12	150	
Hussards	450	61	200	
Lanciers	387	07	»	
Artillerie à cheval	396	03	150	
Train d'artillerie et des équipages	339	93	160	

Nota. Le remplacé fournira en outre à son remplaçant un sac ou porte-manteau garni des effets de *petit équipement* nécessaires, lors même que le remplacement aurait lieu entre frères.

145. Acte de remplacement. Lorsque le remplacement aura été autorisé, l'acte de remplacement sera dressé; une expédition de cet acte sera délivrée au remplacé, que le conseil d'administration fera rayer du registre matricule du corps.

146. Responsabilité du remplacé. Le remplacé sera responsable de son remplaçant pendant une année, *pour le cas de désertion seulement.*

Si ce remplaçant déserte, il en sera donné avis au remplacé, qui sera tenu de fournir un autre homme ou de marcher lui-même si le déserteur n'a pas rejoint le corps, ou n'a pas été arrêté dans le délai de trois mois, à partir du jour où la notification de la désertion lui aura été faite.

Si le remplacé se décide à fournir un second remplaçant, il pourvoira aux frais de son habillement et de son équipement comme à son premier remplacement.

SECTION III.

CHAPITRE UNIQUE.

Durée du Service, et Libération.

147. Durée du service. La durée du service des jeunes soldats est fixée *à huit ans*, à partir du premier janvier de l'année où ils ont été inscrits sur le registre matricule départemental; cette inscription a toujours lieu immédiatement après la clôture départementale.

148. Époque de la libération. L'époque de la libération des jeunes soldats est déterminée par l'article 20 de la loi du 10 mars 1818. (*Voir* pag. 12.)

Observation. — Avant la loi du 9 juin 1824, les jeunes gens n'étaient obligés qu'à 6 ans de service, après lesquels ils étaient encore 6 ans, ou jusqu'à l'âge de 32 ans, à la disposition du gouvernement, sous le nom de *Vétérans*. En conséquence, les jeunes soldats des classes de 1819 à 1823 inclus, ne feront que six ans de service et six ans de *vétérance* après qu'ils auront été libérés. Les enrôlés volontaires pour l'infanterie de gne ou légère sont dans le même cas, s'ils sont enrôlés avant la publication de la loi du 9 juin 1824.

Les jeunes soldats de ces classes qui auraient demandé à devancer l'appel pour tout autre corps, ainsi que les engagés pour ces mêmes corps, avant la publication de ladite loi, serviront 8 ans, et seront, après leur libération, assujettis au service des vétérans, à moins qu'ils n'aient 32 ans d'âge, ou 12 ans de service actif.

CINQUIÈME PARTIE.

DES ENGAGEMENS VOLONTAIRES.

CHAPITRE I.er

149. *Tableau des Corps qui reçoivent des Engagemens volontaires et des tailles exigées pour ces corps.*

		INDICATION DES CORPS.	TAILLES EXIGÉES. Nouvelle mesure. Mètre.	Millim.	Ancienne mesure. Pieds.	Pouces.	Lignes.
ARMÉE DE TERRE.	GARDE ROYALE.	1.° Les régimens d'infanterie française.	1	679	5	2	»
		2.° —— id. —— de grenadiers à cheval.	1	788	5	6	»
		3.° —— id. —— de cuirassiers.	1	733	5	4	»
		4.° Le régiment de dragons.	1	706	5	3	»
		5.° —— id. —— de chasseurs.	1	679	5	2	»
		6.° —— id. —— de lanciers.	1	706	5	3	»
		7.° —— id. —— de hussards.	1	679	5	2	»
		8.° —— id. —— d'artillerie à pied.	1	733	5	4	»
		9.° —— id. —— d'artillerie à cheval.	1	733	5	4	»
		10.° Le train d'artillerie.	1	679	5	2	»
	LIGNE.	11.° Les régimens d'infanterie de ligne et légère.	1	570	4	10	»
		12.° Le régiment de carabiniers.	1	788	5	6	»
		13.° Les régimens de cuirassiers.	1	733	5	4	»
		14.° —— id. —— de dragons.	1	706	5	3	»
		15.° —— id. —— de chasseurs.	1	652	5	1	»
		16.° —— id. —— de hussards.	1	652	5	1	»
		17.° —— id. —— d'artillerie à pied.	1	733	5	4	»
		18.° —— id. —— d'artillerie à cheval.	1	733	5	4	»
		19.° Escadrons du train d'artillerie et du génie.	1	679	5	2	»
		20.° Les compagnies d'ouvriers d'artill. et du génie.	1	706	5	3	»
		21.° Le bataillon de pontoniers.	1	679	5	2	»
		22.° Les régimens du génie.	1	706	5	3	»
		23.° Le train des équipages militaires.	1	679	5	2	»
		24.° Les compagnies d'ouvriers des équipages milit.	1	679	5	2	»
	Ville de Paris	Bataillon des sapeurs-pompiers	1	679	5	2	»
MARINE.		Infanterie.	1	570	4	10	»
		Équipages de ligne.	1	598	4	11	»
		Artillerie.	1	720	5	3	6
		Ouvriers d'artillerie.	1	693	5	2	6

CHAPITRE II.

Conditions requises pour les Engagemens volontaires, et motifs d'exclusion.

Pour contracter un engagement volontaire, il faut être Français ou *naturalisé Français*, et avoir dix-huit ans au moins, et trente au plus. 150. Conditions d'âge et de naissance.

Cependant les anciens militaires peuvent s'engager jusqu'à l'âge de trente-cinq ans; mais passé trente ans, ils ne peuvent le faire que pour un des corps de l'arme dans laquelle ils ont servi.

Tout Français qui veut s'engager doit présenter les pièces suivantes : 151. Pièces à produire. (*Voir* le n.° 42.)

1.° Un certificat du maire de sa commune, visé par le juge de paix, constatant qu'il est de bonnes vie et mœurs, qu'il jouit de ses droits civils, qu'il n'appartient ni à l'armée de terre, ni à l'armée de mer. (*Voir pour le modèle du certificat le* n.° 79);

2.° Une copie de son acte de naissance légalisée par le président du tribunal de première instance de l'arrondissement où il est né;

3.° Une copie authentique de ses lettres de naturalisation légalisée comme l'acte de naissance.

4.° S'il est ancien militaire, son congé ou la pièce qui constate qu'il est libéré du service.

5.° S'il s'est fait remplacer, la copie de son acte de remplacement.

A Paris, le certificat de bonnes vie et mœurs est délivré à la préfecture de police, sur la présentation d'un certificat de bonne conduite délivré par le commissaire de police du quartier. 152. Par qui le certificat de bonnes vie et mœurs doit être délivré à Paris.

On ne reçoit comme engagés volontaires : 153. Conditions particulières à certains corps.

1.° Dans les *ouvriers du génie, des équipages militaires et d'artillerie de marine*, que les *ouvriers en fer ou en bois*;

2.° Dans le *train d'artillerie, du génie et des équipages militaires*, que les *selliers ou maréchaux-ferrans*, ou les hommes *habitués à conduire les voitures ou soigner les chevaux*;

3.° Dans les *pontoniers*, que les *charpentiers de bateaux* ou les hommes *habitués à conduire les bateaux*;

4.° Dans les *régimens du génie*, que les *ouvriers en fer ou en bois*, ou les *ouvriers des mines et carrières*, les *tailleurs de pierres ou maçons*.

154. Certificat à produire pour s'engager dans ces corps.

Pour s'engager dans un des corps portés au n.° précédent, il faut produire un certificat de deux maîtres ouvriers *patentés*, constatant qu'on a fait son apprentissage; ce certificat peut être conforme au modèle suivant:

Nous (*noms et prénoms des maîtres ouvriers*) maîtres (*désigner la profession*) patentés, et domiciliés à (*demeure des maîtres ouvriers*), département d (*désigner le département*), certifions que le sieur (*nom et prénoms de celui à qui l'on donne le certificat*) a fini son apprentissage de la profession de (*cette profession doit être la même que celle des maîtres ouvriers*), et qu'il est bon ouvrier.

En foi de quoi nous lui avons délivré le présent certificat.

A.... le... 18...

(*Signatures des maîtres ouvriers.*)

Nota. La signature des maîtres ouvriers doit être légalisée par le maire de la commune.

155. Conditions particulières à l'admission dans les sapeurs-pompiers.

Pour entrer dans les *sapeurs pompiers de la ville de Paris*, il faut avoir satisfait à la loi de recrutement.

156. Les engagés doivent être sains et robustes, et ne peuvent entrer que dans les corps non complets.

Les engagés devront être d'une constitution saine et robuste, et ne demander à entrer que dans des corps qui ne sont pas complets, (*MM. les maires en ont l'état.*) Ceux qui voudraient entrer dans des corps désignés comme complets, s'adresseront au colonel, pour obtenir un certificat qui constate qu'ils peuvent être admis. Sans ce certificat, l'engagement ne peut avoir lieu. (*Voir* le n.° 108.)

157. Époque jusqu'à laquelle les

Les jeunes gens d'une classe appelée qui ont été convoqués devant le conseil de révision peuvent, même quand ils ont été visités, et trouvés propres au service, contracter des engagemens volontaires jusqu'au quinzième jour précédant la clôture de la liste du contingent. Mais la faculté de s'enrôler n'est en aucun temps suspendue pour ceux qui n'ont pas été convoqués pour être examinés par le conseil de révision; et elle recommence pour ceux qui ont été convoqués quand ils ont été déclarés non compris dans le contingent.

Jeunes gens d'une classe appelée peuvent s'enrôler.

158. *Les jeunes gens faisant partie d'un contingent et les remplaçans ne peuvent s'enrôler.*

Les hommes compris dans le contingent d'une classe appelée, ne peuvent point s'enrôler; ils ne peuvent que devancer l'appel, comme il a été dit (n.os 107 *et suivans*) : les remplaçans sont dans le même cas.

159. *Hommes exclus des enrôlemens volontaires.*

On ne peut recevoir l'engagement des jeunes gens,

1.° S'ils ont été condamnés aux travaux forcés à temps, ou à la réclusion, ou au carcan;

2.° S'ils ont été condamnés comme vagabonds ou gens sans aveu;

3.° S'ils ont été congédiés des compagnies de fusiliers de discipline ou de pionniers.

CHAPITRE III.

Visite des Engagés.

160. *Par qui l'engagé doit être visité (ligne).*

L'homme qui veut s'engager, après s'être muni de toutes les pièces mentionnées au chapitre II, devra faire constater qu'il a les qualités physiques requises pour l'arme dans laquelle il veut servir. A cet effet, il se présentera devant le chef du corps dans lequel il veut entrer, s'il est sur les lieux; s'il n'y est pas, devant l'officier ou sous-officier de gendarmerie le plus voisin de son domicile. S'il est au chef-lieu du département, il se présentera toujours devant le capitaine de recrutement.

161. *Sapeurs-pompiers.*

S'il veut entrer dans les sapeurs-pompiers, il se présentera devant l'officier supérieur qui commande le corps.

162. Garde royale. S'il veut s'engager dans la garde royale, et s'il n'y a pas d'officier supérieur du corps sur les lieux, il se présentera devant le maréchal-de-camp résidant au chef-lieu du département, ou à son défaut au colonel délégué pour le recrutement. A Paris, ce sera à l'état-major de la garde royale.

163. Certificat d'acceptation délivré par l'autorité militaire. Après que le jeune homme aura été visité par un officier de santé, en présence de l'une des autorités militaires indiquées ci-dessus, il lui sera délivré par cette autorité, s'il est reconnu propre au service, un certificat appelé *d'acceptation.*

164. L'engagé n'a droit à aucune indemnité avant son enrôlement. Il n'est dû à l'homme qui vient pour s'engager aucune indemnité pour le trajet qu'il a fait pour se rendre au lieu où il a été visité, ou à celui où il va contracter son engagement. Ses droits ne commencent qu'après son enrôlement.

CHAPITRE IV.

Engagemens et Réclamations.

165. Par qui est reçu l'engagement. Muni des pièces exigées au chapitre II et de son *certificat d'acceptation,* l'homme qui veut s'engager se présentera devant un officier de l'état civil (*maire*) quand même ce ne serait pas celui de la commune où il réside ordinairement, accompagné de deux témoins du sexe masculin, et âgés au moins de vingt-un ans.

166. Signature de l'acte d'engagement. L'officier de l'état civil procédera à son engagement, lui donnera lecture des conditions de l'engagement, et de sa durée, *qui est de huit ans,* et enfin dressera l'acte qui sera lu à l'engagé avant la signature, et sera signé par l'engagé, les témoins et l'officier de l'état civil.

167. Réclamations. Les engagés qui prétendraient que leur acte d'engagement est irrégulier, poursuivront devant les tribunaux l'annulation de cet acte, et l'action sera intentée par eux contre le préfet du département. Mais cette action n'aura pas d'effet suspensif; l'engagement sera exécuté provisoirement, et l'engagé attendra à son corps le résultat de sa demande.

CHAPITRE V.

Mise en Route et Désertion.

Aussitôt après que l'acte d'engagement aura été contracté, l'engagé recevra de l'officier de l'état civil une expédition de son acte d'engagement, et une feuille de route provisoire pour se rendre devant un sous intendant militaire, auquel il présentera ces pièces, et dont il recevra une feuille de route avec un mandat portant indemnité de 15 centimes (*3 sous*) par lieue, à partir de l'endroit où l'engagement a été contracté, jusqu'à celui de la résidence du sous intendant militaire que l'engagé doit trouver le premier sur la route qu'il suivra pour rejoindre son corps. 168. Mise en route de l'engagé.

L'engagé se mettra en route sans délai, et s'il tombe malade, il se présentera chez le sous-intendant militaire pour obtenir un billet d'hôpital. S'il n'y a pas de sous intendant militaire, il se présentera devant le lieutenant de roi ou commandant de la place. S'il n'y en a pas dans l'endroit, devant le préfet ou le sous-préfet, ou, à leur défaut, devant le maire de la commune. 169. Engagé qui tombe malade en route.

Si un enrôlé volontaire est trouvé hors de la route tracée sur sa feuille, il sera arrêté et conduit devant le commandant de la gendarmerie, qui le fera remettre sur sa route, ou conduire de brigade en brigade jusqu'à son corps. 170. Engagé trouvé hors de sa route.

L'enrôlé volontaire qui ne sera pas arrivé au corps quinze jours après le jour fixé pour son arrivée, sera poursuivi comme déserteur, quand même il serait en réclamation devant les tribunaux pour faire annuler son acte d'engagement. (*Voir* n.os 129 *et suivans.*) 171. Engagé déclaré déserteur.

CHAPITRE VI.

Incorporation et Libération.

172. Arrivée au corps. A son arrivée, l'enrôlé se présentera au chef de son corps pour être incorporé, et il a droit à sa solde le lendemain de sa présentation. (*Voir* n° 133.)

173. Renvoi de l'engagé reconnu impropre au service. Si, à son arrivée au corps, l'engagé est jugé impropre au service, on le présente à l'inspecteur-général, qui prononce définitivement le renvoi, s'il y a lieu. Dans ce cas, on remet à l'engagé, entr'autres pièces, une feuille de route pour s'en retourner chez lui, avec indemnité de 15 centimes par lieue.

174. L'engagé reconnu impropre au service de l'arme qu'il a choisie, peut s'engager dans une autre. Si l'engagé volontaire qui est impropre au service d'une arme dont il a fait choix, peut servir dans une autre qui exige moins de qualités, on ne peut pas l'obliger à servir dans cette arme; mais s'il le desire, on lui donne toutes les facilités nécessaires pour contracter un nouvel engagement; autrement il est renvoyé dans ses foyers.

175. Engagé faisant partie du contingent d'une classe appelée, reconnu impropre au service d'une arme spéciale. Cependant, un engagé qui se trouverait dans le cas du numéro précédent, et qui ne voudrait pas contracter un nouvel engagement, ne serait pas exempt du service, malgré son renvoi dans ses foyers, s'il appartenait au contingent d'une classe appelée. Il rentrerait dans la position des jeunes soldats de sa classe; et si son numéro de tirage avait été atteint dans les désignations pour l'activité, au lieu d'être renvoyé dans ses foyers, il serait immédiatement envoyé à l'un des corps assignés au département dont il fait partie.

176. Époque de la libération. Les enrôlés volontaires seront congédiés au bout de huit années, qui commencent du jour de leur engagement. Ils ne peuvent faire valoir, pour obtenir leur congé, des services antérieurs à leur engagement volontaire. (*Voyez l'Observation qui est à la fin de la 4.e partie, pag. 60.*)

FIN.

TABLE DES MATIÈRES.

www.ingramcontent.com/pod-product-compliance
Ingram Content Group UK Ltd.
Pitfield, Milton Keynes, MK11 3LW, UK
UKHW022121260726
13993UKWH00003B/1164

9 782329 214313